Amar
a la gente
que es
muy difícil
de amar

Amar a la gente que es muy difícil de amar

Transforme su mundo cuando aprende a amar incondicionalmente

JOYCE MEYER

NASHVILLE • NEW YORK

FaithWords
Hachette Book Group
1290 Avenue of the Americas, New York, NY 10104
faithwords.com
twitter.com/faithwords

FaithWords es una división de Hachette Book Group, Inc. El nombre y logotipo de
FaithWords corresponden a una marca registrada de Hachette Book Group, Inc.

La editorial no es responsable de los sitios web (o su contenido)
que no son propiedad de la editorial.

El Hachette Speakers Bureau proporciona una amplia gama de autores para dar charlas.
Si desea obtener más información, visite www.hachettespeakersbureau.com
o llame al (866) 376-6591.

Traducción, edición y corrección en español por LM Editorial Services |
lmeditorial.com | lydia@lmeditorial.com con la colaboración
de Yvette Fernández Cortez (traducción del texto).

ISBN: 978-1-5460-0034-1 (tapa blanda) / E-ISBN: 978-1-5460-0031-0 (libro electrónico)

Primera edición en español: septiembre 2022

Impreso en los Estados Unidos de América | Printed in the USA

LSC-C

Printing 1, 2022

TABLA DE CONTENIDO

PARTE 4: EL AMOR DE DIOS TRIUNFA POR ENCIMA DE
          TODO LO DEMÁS

INTRODUCCIÓN

No creo que sea un secreto que nuestro mundo actual está enfrentando problemas enormes. Hay más enojo, odio, violencia, falta de paz, falta de amor verdadero y confusión de lo que yo haya visto jamás. No soy una anciana, aunque tengo setenta y ocho años al momento de escribir este libro; así que he atravesado algunas décadas a lo largo de mi vida. Claro está, en cada década hay problemas, pero no tantos o quizás incluso tan serios como los que enfrentamos hoy en día.

Martin Luther King Jr. dijo: "Debemos aprender a vivir juntos como hermanos o pereceremos juntos como insensatos". Creo que esta observación aplica hoy en día tal vez más que cuando se dijo en 1964. Cuando él dijo esto, estaba hablando de problemas raciales, pero yo creo que es perfecto para los desafíos que enfrentamos en la actualidad, lo que no solamente incluye los problemas raciales, sino que también los tiroteos masivos, hechos violentos fortuitos, crímenes de odio, abortos, confusión de género y un incremento traumático en los informes de enfermedad mental y suicidio, especialmente entre los jóvenes.

¿Cuál es la respuesta a los desafíos con los que lidiamos ahora mismo en el mundo? Definitivamente no es que alguien más deba hacer algo para cambiar las situaciones que enfrentamos. Cada uno de nosotros debemos hacer lo que sea necesarios para cambiar lo que podemos cambiar. Es imperativo que aprendamos a

vivir en paz y a andar en amor. Y definitivamente debemos aprender a amar a la gente que es muy difícil de amar, lo cual incluye
a la mayoría de nosotros pues, ante los ojos de los demás, todos
podemos ser difíciles de amar, al menos a veces. El amor es mucho
más que un sentimiento, es la manera en que tratamos a la gente.

Cuando empecé a pensar en escribir este libro sobre amar a la
gente que es muy difícil de amar, también pensé en la gente que es
fácil de amar. Llegué a la conclusión de que quizá yo conocía a dos
personas que son tan fáciles de amar que no necesito esforzarme
para hacerlo. Sin embargo, si conociera mejor a estas dos personas, lo más probable es que también tendría que excluirlas.

A menos que nos volvamos realmente buenos en no sentirnos
fácilmente ofendidos y extendamos perdón a quienes nos lastiman, no creo que haya esperanza alguna para la paz y la unidad
en el mundo. Si le gustaría saber lo que la Palabra de Dios dice
sobre este tema, he incluido en el apéndice de este libro, un listado
de referencias bíblicas para ayudarle a perdonar y a librarse de la
ofensa.

Satanás tiene un plan para la humanidad, y tristemente, en este
punto de la historia, muchos parecen estar participando. Su plan
es dividir y conquistar, porque sabe que si los seres humanos no
nos unimos, él podrá derrotarnos. De acuerdo con Efesios 6:12,
estamos en una guerra espiritual, no en una natural. La única
forma en que podemos ganar esta batalla es amarnos verdaderamente unos a otros, porque yo estoy convencida de que la Biblia
nos enseña que el amor es una forma de guerra espiritual.

Romanos 12:21 dice que nosotros vencemos el mal con el bien.
Romanos 13:12 nos enseña a ponernos la armadura de la luz, y
solamente la luz puede disipar la oscuridad que prevalece hoy en
día. Vivir en la luz es vivir como Jesús, y Él es amor (1 Juan 4:8).
Él nos ama a todos, sin excepción, incluso a aquellos que son muy
difíciles de amar.

En Colosenses 3:14-15, Pablo nos insta: "Por encima de todo, vístanse de amor, que es el vínculo perfecto. Que gobierne en sus corazones la paz de Cristo, a la cual fueron llamados en un solo cuerpo. Y sean agradecidos".

¿Qué significa "vestirse" de amor? Significa amar *a propósito*. Esto suena muy sencillo si tan solo lo hiciéramos: amar a la gente, vivir en paz y ser agradecidos. Pero nos metemos en el problema de que algunas personas son muy difíciles de amar, y muchísimas veces nosotros no queremos hacer lo que es muy difícil, así que seguimos a nuestras emociones (sentimientos) y dejamos que el diablo se salga con la suya. Luego, nos quejamos de las condiciones en que está el mundo y pensamos que alguien debe hacer algo. Pero raras veces pensamos que *nosotros* deberíamos ser ese alguien.

Si está buscando una manera fácil para amar a la gente que es muy difícil de amar, debo decirle, desde el principio, que no conozco alguna. Lo que sí puedo decirle es que cuando hacemos algo difícil porque amamos a Jesús y queremos obedecerle, no solamente complacemos a Dios, sino que crecemos espiritualmente, llegando a ser más y más como Jesús.

Yo sí creo que los problemas del mundo pueden resolverse, pero requerirá que cada uno de nosotros haga su parte. Será necesario que nos volvamos pacificadores y estemos en la disposición de que amar a los demás sea una prioridad en nuestra vida. Este empieza en casa y de allí se esparce hacia afuera. Le pido, en la introducción de este libro, que aplique este mensaje a sí mismo, no solamente a los demás. Esté dispuesto a ver sus propias faltas, no sencillamente las de otras personas.

En este libro, espero abordar, desde todo punto de vista, los desafíos de amar a quienes son difíciles de amar y dejar en usted un deseo intenso de ser un pacificador y un amante de la humanidad. Quiero que esto se convierta en su objetivo principal en la vida. Estar en paz con la gente es parte de amarla, así que podíamos decir sencillamente que nuestro objetivo debería ser andar en amor en todo momento.

Antes de que avancemos, permítame cerrar la introducción con estas palabras de Jesús:

> Así que ahora les doy un nuevo mandamiento: ámense unos a otros. Tal como yo los he amado, ustedes deben amarse unos a otros. El amor que tengan unos por otros será la prueba ante el mundo de que son mis discípulos.
>
> Juan 13:34-35, NTV

PARTE 1

El amor lo cambia todo

CAPÍTULO 1

Lo más grande del mundo

Ahora, pues, permanecen estas tres virtudes: la fe, la esperanza y el amor. Pero la más excelente de ellas es el amor.

1 Corintios 13:13

Antes de intentar amar a las personas que resultan difíciles de amar, necesitamos comprender la importancia del amor y entender qué es el amor y qué no es. Amar y ser amado hace que valga la pena vivir. El amor es la energía de la vida y es lo que motiva a la gente a que cada día se levante para continuar avanzando. Algunas personas se sienten motivadas por el dinero, por lo que cada día se levantan para seguir ascendiendo la cima del éxito terrenal. A pesar de que piensen que aman su trabajo, eso que aman es algo que nunca podrá llenarlos ni satisfacerlos. Todo lo que nos aparte de Dios nunca tendrá la capacidad de hacernos felices.

> El amor es la energía de la vida.

Todo lo material que lleva a su casa está en un proceso de deterioro y algún día terminará siendo parte de una montaña de basura en algún lugar y por lo que no debemos darles mucho valor a las cosas. El apóstol Pablo escribió: "Porque nada trajimos a este mundo, y nada podemos llevarnos" (1 Timoteo 6:7). Si está perdiendo su tiempo tratando de obtener más y más posesiones materiales, lo animo a que medite profundamente en este versículo.

El amor trae propósito y significado a la vida. En el mundo vemos que las personas buscan amor, pero en realidad están buscando a Dios porque Él es amor (1 Juan 4:16). El amor no es algo que Dios hace, tampoco es algo que Dios le da a la gente buena y no a la mala pues Él es amor. Dios no puede hacer otra cosa más que amar porque amor es lo *que* Él es y *Quien* es. Mientras todavía éramos pecadores, Él nos amó y entregó a su Hijo para morir por nosotros (Romanos 5:8).

El escritor ruso León Tolstoi (1828-1920) escribió una historia que, en español, se conoce comúnmente como "Donde está el amor, allí también está Dios". Es la historia de un zapatero llamado Martín Avdieitch, un buen hombre que sufrió muchas dificultades, incluso la muerte de su esposa y la de todos sus hijos, excepto la de su amado hijo de tres años. Un día, él cayó enfermo y, al cabo de una semana, falleció. Acongojado por el dolor, Martín dejó de ir a la iglesia.

Un día, un anciano vecino llegó a visitar a Martín y este empezó a quejarse de los males que le habían sucedido. Le dijo que quería morir porque no tenía ninguna razón para vivir.

El hombre le explicó a Martín que su problema era que quería vivir para su propia felicidad, a lo que Martín preguntó: "¿Y para qué se vive si no para eso?". El amigo le contestó que debemos vivir para Dios. Le pidió que comprara un Nuevo Testamento y que lo leyera, ya que ahí encontraría la explicación de todo cuanto necesitara saber acerca de vivir para Dios.

Martín empezó a leer la Biblia solo en los días festivos, pero con el tiempo empezó a leerla todas las noches. Una noche leyó en Lucas 7:44-46 la historia de la visita de Jesús a la casa de Simón el fariseo. Esa noche, cuando se durmió, Martín tuvo un sueño que lo llevó a creer al día siguiente que Jesús lo visitaría en su casa, de la misma forma en que había visitado a Simón.

Al siguiente día, Martín esperaba a Jesús, pero cuando vio por la ventana, solo encontró a un vecino agotado quitando la nieve del camino. Lo invitó a que pasara a su cálido hogar, le ofreció té y disfrutaron una amena conversación.

Un rato después, Martín vio nuevamente por la ventana y vio a una mujer con su bebé llorando. Su ropa era muy sencilla y estaba desgastada, por lo que era imposible tratar de calentarse en ese frío día de invierno. Martín la invitó a pasar para que se calentara junto al fuego, los alimentó y le dio a la mujer un abrigo y algo de dinero.

Después, Martín volvió a ver por la ventana y encontró a una anciana que, con dificultad, trataba de vender manzanas. Un pequeño niño le robó una de las manzanas y Martín lo convenció para que se disculpara con ella y que ella la convenció para que lo perdonara. Después, Martín compró una manzana para el niño y lo dejó ir.

Cuando llegó la noche, Martín se preparó para leer su Biblia y recordó el sueño que había tenido la noche anterior. Escuchó algunos pasos detrás de él y una voz que le decía: "Martín, Martín, ¿me reconoces?"

"¿Quién eres?", preguntó Martín.

"Soy yo", dijo la voz.

El anciano que limpiaba la nieve se puso en pie ante Martín y la voz repitió: "Soy yo", y la imagen desapareció.

Luego, la mujer y el bebé que sufrían frío y hambre se pusieron ante él y Martín volvió a escuchar: "Soy yo", y se desvanecieron.

La siguiente fue la anciana que vendía manzanas y el niño que le había robado una. Se aparecieron frente a Martín y la voz dijo: "También soy yo".

Martín tomó la Biblia y la abrió en Mateo 25:40: "Les aseguro que todo lo que hicieron por uno de mis hermanos, aun por el más pequeño, lo hicieron por mí".

La historia concluye con esto: "Y Martín comprendió que su

sueño no lo había decepcionado, sino que era un aviso del cielo, el Salvador estuvo aquel día en su casa y fue a Él a quien había acogido".

La historia de Tolstoi se enfoca en el punto que quiero explicar. Con frecuencia queremos que Dios nos visite o haga algún milagro para comprobar que se preocupa por nosotros, pero por medio de la Palabra de Dios y esta historia podemos ver que siempre que le mostramos amor a otra persona, Dios está ahí.

Medite en estos versículos:

> Nadie ha visto jamás a Dios, pero, si nos amamos los unos a los otros, Dios permanece entre nosotros, y entre nosotros su amor se ha manifestado plenamente.
>
> 1 Juan 4:12

> Dios es amor. El que permanece en amor, permanece en Dios, y Dios en él.
>
> 1 Juan 4:16

> El que no ama no conoce a Dios, porque Dios es amor.
>
> 1 Juan 4:8

El amor verdadero en acción

Mateo 25:31-46 nos dice lo que sucederá cuando Cristo regrese y separe a las ovejas (a los justos) de las cabras (los injustos):

> Pondrá las ovejas a su derecha, y las cabras a su izquierda. Entonces dirá el Rey a los que están a su derecha: "Vengan ustedes, a quienes mi padre ha bendecido; reciban su herencia, el reino preparado para ustedes desde la creación del mundo. Porque tuve hambre, y ustedes me

dieron de comer; tuve sed, y me dieron de beber; fui forastero, y me dieron alojamiento; necesité ropa, y me vistieron; estuve enfermo, y me atendieron; estuve en la cárcel, y me visitaron".

Mateo 25:33–36

Luego, aquellos de la derecha la preguntarán cuándo hicieron todas esas cosas y él responderá: "Les aseguro que todo lo que hicieron por uno de mis hermanos, aun por el más pequeño, lo hicieron por mí" (v. 40).

Después, Cristo verá a los de su izquierda y les dirá que tuvo hambre, sed, fue un forastero, necesitó ropa, estuvo enfermo o en la cárcel y no lo atendieron (v. 42-43). Jesús les dirá: "Les aseguro que todo lo que no hicieron por el más pequeño de mis hermanos, tampoco lo hicieron por mí" (v. 45).

La historia es impactante porque nos enseña que Jesús toma en cuenta la forma en la que tratamos a los demás, y que lo hacemos como si fuera Él. Ya que este es el caso, ¿dónde deja eso a todos aquellos que están llenos de enojo, odio, egoísmo y que no hacen nada por el necesitado? Debemos recordar que la eternidad es un tiempo muy largo y la forma en la que vivamos el presente es lo que

> *Jesús considera que la manera en que tratamos a los demás es la forma en que lo tratamos a Él.*

determinará dónde pasaremos esa eternidad. ¿Pasará usted la eternidad en el cielo con Dios o la pasará en la oscuridad y la desgracia profunda con el diablo? Dios nos da la opción de elegir con libertad y debemos elegir servirlo a Él sin importar lo que hagan los demás. Las decisiones que tomemos ahora determinarán nuestro futuro.

En su lista de prioridades, ¿en qué lugar se encuentra el amar a los demás? Jesús dijo: "Un mandamiento nuevo os doy: Que os améis unos a otros; como yo os he amado, que también os améis

unos a otros" (Juan 13:34 RVR1960). Si guardamos este mandamiento no pecaremos, pues el amor siempre coloca a Dios en primer lugar y nunca hará algo que pueda lastimar a otra persona.

Lo que no es amor

Saber lo que es el amor nos sirve para que aprendamos a caminar en amor, y a la vez, nos da sabiduría para entender lo que no
es amor. Muchas personas se confunden porque reciben palabras de amor de parte de algunas personas, pero las acciones de
ellas son totalmente contrarias al amor verdadero. El amor no se
trasmite solo en palabras, ni es una teoría, tampoco es un simple sermón. Podría provocar sentimientos, pero es mucho más
que eso, pues podemos elegir amar, aun cuando no exista un
sentimiento.

Mi padre abusó de mí y mi madre me abandonó al abuso sexual
que mi padre perpetró contra mí, pero, aun así, Dios me indicó
que los cuidara hasta su vejez. Debo confesar que nunca me sentí
emocionada de ir al apartamento donde vivían y recibían atención
domiciliaria, ni de visitarlos después en el hogar de ancianos. Iba
porque sabía que era un acto de amor; y poner en acción ese acto
de amor, incluso para quienes habían abusado de mí o me habían
abandonado, era lo que Dios esperaba que yo hiciera. Nunca sentí
el deseo de gastar en ellos el dinero que me había costado, pero
sabía que el amor haría que yo cuidara bien a mis padres. Dave
y yo pagamos para que vivieran en un lugar agradable en vez de
dejarlos en residencias de bajo costo donde sabíamos que no los
cuidarían bien. Les comprábamos ropa, nos asegurábamos de que
tuvieran víveres, los llevábamos a sus citas médicas y dentales, y
les ayudábamos en otras formas.

Para hacer lo correcto, no es necesario que tengamos deseos
de hacerlo. Este es lo que significa amar a las personas que son

difíciles de amar. Significa que los tratemos como Jesús los hubiera tratado, sin importar cómo nos hayan tratado a nosotros.

Cuando decidimos amar a las personas que son difíciles de amar, los sentimientos de amor podrían no estar siempre presentes. Como ya lo mencioné en la introducción de este libro, creo que el amor se puede describir en la forma en la que tratamos a las personas. Es importante recordar que podemos amar a alguien, aunque no nos agraden sus acciones.

> Cuando decidimos amar a las personas que son difíciles de amar, los sentimientos de amor podrían no estar siempre presentes.

La Biblia dice que Dios no tiene favoritismos (Hechos 10:34; Romanos 2:11). Da a todos la misma oportunidad y ama a cada uno de la misma forma y en la misma medida; sin embargo, cada persona debe elegir cómo responder. Todos los prejuicios y divisiones raciales desaparecerían si tan solo amáramos en la forma en que Dios ama. El amor ve lo mejor en la gente y está dispuesto a orar por los aspectos que no son buenos en las personas, así también, está dispuesto a ser paciente con ellas. El amor siempre cree lo mejor de los demás.

El amor no es egoísta ni piensa en sí mismo, y no es necesario que tenga la razón. De hecho, el amor sacrifica su derecho a tener la razón. No es impaciente ni se comporta con rudeza. No murmura, no critica ni esparce rumores de las faltas o pecados de los demás, sino que los cubre y ora para que reciban perdón y para que haya un cambio en su corazón.

La Biblia dice que el amor cubre multitud de pecados (1 Pedro 4:8). La historia en Génesis 9:18-27 nos habla de Noé y de sus tres hijos y nos enseña esta lección: al fin el arca tocó tierra seca y Noé plantó un viñedo. A su debido tiempo cosechó y produjo vino. Bebió tanto que terminó tendido sin ropa en el suelo dentro de su carpa. Cam, el hijo menor, vio la desnudez de su padre y fue a avisar a sus dos hermanos que estaban afuera de la carpa (Sem y Jafet). Ellos tomaron un manto y se lo echaron sobre los hombros y caminando hacia atrás en la carpa de Noé lo cubrieron para no llegar a ver la desnudez de su padre.

Cuando Noé despertó y supo lo que había hecho Cam, declaró una maldición sobre él. Sin embargo, Noé bendijo a Sem y a Jafet y declaró que Cam sería esclavo de ellos (Génesis 9:24-27).

Cam era el hijo más joven de Noé. A menudo, los cristianos jóvenes sin experiencia y sin crecimiento espiritual toman decisiones imprudentes y terminan actuando con falta de entendimiento. En esta historia, el comportamiento de Cam fue imprudente y demuestra falta de madurez espiritual. En 1 Corintios 3:1, el apóstol Pablo llama "bebés en Cristo" a quienes actúan de forma imprudente. Incluso menciona que son inmaduros porque vive entre celos, contiendas y según criterios humanos (1 Corintios 3:3). Podemos medir el nivel de madurez de los creyentes en Cristo con tan solo ver su comportamiento. Cam demostró inmadurez espiritual, mientras que Sen y Jafet se mostraron como personas espirituales y maduras. Cuando yo era una cristiana joven, me prestaba para murmurar y esparcir rumores; pero a medida que iba creciendo en Dios, aprendí que este tipo de conducta desagrada a Dios.

Dios desea que nos protejamos unos a otros en lugar de estar exponiendo a las personas, difundiendo información perjudicial para ellas. Dejar de prestarse a la murmuración es parte del programa "cristianismo uno a uno". El amor no murmura porque el amor trata a los demás como quiere ser tratado.

Practique amar a los demás

A medida que practicamos amar intencionalmente a los demás, estamos desarrollando el hábito de amarnos unos a otros. Aquellos que ponen en práctica el amor y han desarrollado el hábito de amar a pesar de lo difícil que pueda ser, volverán automáticamente a recurrir al amor en las situaciones y desafíos que enfrenten. Sin embargo, aquellos que no tienen al amor como prioridad, se darán cuenta de que el amor no será parte intrínseca de su conducta.

Hace años, cuando Dios me mostró cuán egoísta era e intentaba aprender cómo podía amar a las personas, tuve que esforzarme deliberadamente para pensar en ello todo el tiempo. Ahora que he podido practicar durante años la acción de amar, pienso en ello sin tener que hacer demasiado esfuerzo. Lo mismo le pasará a usted. Siempre que tratamos de formarnos un hábito vemos que al principio resulta difícil. Lo hacemos y luego nos olvidamos de hacerlo, después de un tiempo algo pasa y lo recordamos y lo hacemos otra vez por un tiempo y volvemos a olvidarlo. Pero si no nos rendimos y seguimos orando y pidiendo a Dios su ayuda, nos volveremos personas más amorosas.

Claro que siempre hay espacio para crecer en este fruto del Espíritu llamado amor (Gálatas 5:22-23). La oración de Pablo por los Filipenses era que su amor "abunde cada vez más" (Filipenses 1:9) e incentiva a los cristianos en Tesalónica: "Que el Señor los haga crecer para que se amen más y más unos a otros, y a todos" (1 Tesalonicenses 3:12). En otras palabras, nunca podremos amar demasiado, pero todos los días debemos buscar nuevas formas de mostrar amor a los demás.

Nunca podremos amar demasiado, pero todos los días debemos buscar nuevas formas de mostrar amor a los demás.

Si desea amar a los demás, deberá tomar un tiempo para escucharlos para conocer qué desean y qué necesitan. ¿Necesitan ánimo? ¿Necesitan ayuda económica? ¿Necesitan sentirse parte de actividades familiares porque son solteros, viudos o se sienten solos? Por lo general, suponemos que las personas necesitan lo que hacemos y que les agrada, pero todos somos diferentes y cada persona puede sentirse amada en una forma diferente.

En su libro, *Los 5 lenguajes del amor,* Gary Chapman escribe acerca de las cinco formas en que las personas dan y reciben amor:

1. tiempo de calidad
2. actos de servicio
3. palabras de afirmación
4. regalos
5. contacto físico

A mí me gustan los regalos y los actos de servicio. A mi esposo le gusta el tiempo de calidad. A una de mis hijas le gusta recibir palabras de ánimo y a la otra le gustan los regalos y los actos de servicio, como a mí. A uno de mis hijos le gustan los regalos y al otro le gustan los regalos y la afirmación. Algunas palabras tienen más de una forma para comunicar el lenguaje del amor, como en mi caso, pero la mayoría de las personas, por lo general, tiene uno que predomina.

Si en realidad escuchara a las personas, escucharía lo que ellas desean y necesitan. Se lo dirían sin siquiera darse cuenta de que lo están haciendo. No lo están insinuando, sino que a medida que las conoce se dará cuenta de lo que les gusta y ahí debería estar dispuesto a amarlas en las formas en que ellas necesitan ser amadas.

> *Si en realidad escuchara a las personas, escucharía lo que ellas desean y necesitan.*

A mi esposo le encantan los deportes y a mí no me interesan mucho. De hecho, el último tema del que me gustaría hablar en una conversación prolongada sería de deportes; sin embargo, hace poco, Dave y yo fuimos a almorzar y estuve haciéndole preguntas relacionadas con los deportes, dándole espacio a que hablara y explicara de las diversas características de los jugadores y sus estadísticas de juego.

Amar a las personas significa que haremos cosas que les guste a ellas, aunque no necesariamente nos guste a nosotros. Amar es lo más maravilloso del mundo. Tiene poder para cambiar vidas y derrota al diablo en las obras que hace en la tierra. Nada le da más gozo a la gente que sentirse amada. Podemos decirle a alguien que lo amamos y eso será significativo, pero cuando se *sienta* amado, mejorará muchísimo el panorama. Los demás siempre recordarán cómo los hizo sentir cuando estuvo con ellos, puede ser que incluso olviden lo que usted dijo o hizo. Haga que las personas se sientan bien consigo mismas y tendrá muchos amigos.

CAPÍTULO 2

Amar a las personas que son difíciles de amar

Debemos amar a las personas como son, no como nosotros queremos que sean.

Autor desconocido

Dios nos recibe como somos y nos ayuda a convertirnos en todo lo que deberíamos ser. La pregunta es, ¿estamos dispuestos a hacer lo mismo por los demás? Dave lo hizo por mí y si no me hubiera amado incondicionalmente, quizás yo no estaría en este ministerio. Dios quiere usar a las personas para ayudar a otros y, para que Él pueda hacerlo, debemos estar dispuestos a amar a quienes son difíciles de amar. Cuando Dave oraba por una esposa, le pedía a Dios que le diera a alguien que necesitara ayuda y sin duda Dios le concedió su oración porque yo necesitaba *muchísima* ayuda.

Hace muchos años solía ir de compras a una tienda de abarrotes que dejaba a la vista una carretilla llena de latas de alimentos que estaban abolladas o que no tenían etiqueta. Todo en esa carreta costaba diez centavos, pero si compraba una lata sin etiqueta, no tenía ni idea de qué era lo que llevaba.

En ese entonces, siempre nos estábamos cortos de dinero, por lo que a veces compraba algunas latas y esperaba que fueran melocotones, puré de manzana, vegetales enlatados o algo más que nuestra familia pudiera disfrutar. De vez en cuando lo que conseguía era bueno, pero a veces también me llevaba comida de perro, de gato o algo que no podíamos comer. La comida de perro podía considerarse una bendición para algunos, pero en nuestro caso no teníamos perro, así que tampoco nos era útil.

Cuando elegía latas abolladas, claro está que escogía las que tenían menos abolladuras. Creo que a menudo tomamos el mismo enfoque con las personas, pues de alguna forma, podemos asemejarlas a latas abolladas y sin etiqueta.

Todos vienen con abolladuras en su personalidad, algunas características no se perciben como positivas. Además, y por ponerlo como ejemplo, las personas no siempre traen una etiqueta, es decir, podríamos pensar que estamos lidiando con algo y terminamos con una situación totalmente diferente. Puedo escuchar que muchos dicen "amén a lo que dijo".

> Las personas no siempre traen una etiqueta.

Hace poco, mi nieto estaba viendo una casa que consideraba comprar porque era algo que podía pagar. Aunque el precio no era muy caro, la casa se vendía tal y como estaba. Lo que significa que, si la compraba, no sabría qué problemas podría estar comprando también. Por supuesto que su papá y él empezaron a evaluar la casa detenidamente para encontrar las fallas que tenía, y encontraron una en los cimientos. Se trataba de una gran grieta que habían reparado, pero que parecía que el agua se filtraba en el tiempo de lluvia. Decidieron no comprar la casa, lo que fue posiblemente una decisión sabia.

La historia sobre las latas de alimentos que estaban abolladas y sin etiqueta y la de la casa que mi nieto quería comprar son ilustraciones de cómo era yo cuando Dave se casó conmigo. Tenía muchas abolladuras y defectos, pero las había cubierto muy bien. Tampoco venía con etiqueta y aunque Dave se enamoró de mí en poco tiempo, no tenía idea de lo que iba a recibir. Traía en mis cimientos una gran grieta porque en los primeros años de mi vida tuve que soportar el abuso sexual y mental al que me sometía mi padre, y mi madre no sabía cómo manejar la situación, así que sencillamente la ignoró.

Quizás la situación con mis padres fue la experiencia de vida más difícil que he tenido que enfrentar cuando se trata de perdonas a quienes me han lastimado. Mi padre no se disculpó conmigo sino hasta que llegó a la edad de 80 años. Gracias a Dios, también aceptó al Señor en ese punto de su vida. Mi madre se disculpó conmigo treinta años después de que yo dejara la casa y de que me preguntara cómo me sentía con ella. Quería ser honesta con ella, por lo que le dije que no la amaba como una hija debería amar a su madre, sino que la amaba como una hija de Dios y que siempre me aseguraría de que ella estuviera bien. Cumplí con esa promesa. Es cierto que la había perdonado, pero como lo estará leyendo repetidamente en este libro, el perdón no es un sentimiento, sino una decisión que tomamos sobre cómo trataremos a las personas que nos han lastimado.

El abuso durante mi niñez afectó en alto grado mi personalidad. Era una persona controladora y temerosa, pero aparentaba no serlo. Tenía raíces de rechazo (me refiero a que me predisponía a pensar que las personas me rechazarían o pensaba que me estaban rechazando, cuando en realidad no era así). Mi vida estaba llena de vergüenza, condenación, inseguridad y otros problemas negativos. También tenía un problema de ira y sentía que el mundo me debía por todas las injusticias que había sufrido.

> *El perdón es una decisión que tomamos sobre cómo trataremos a quienes nos lastimaron.*

Tres semanas después de que Dave y yo nos casáramos tuve una rabieta temperamental por algo sin importancia. Me vio y me preguntó: "¿Qué te sucede?". Había empezado a darse cuenta que debajo de la superficie visible, había algo que no andaba bien.

Varios años pasaron antes de que me diera cuenta de que algo estaba mal conmigo. Hasta ese entonces, pensé que todos los demás tenían problemas y que, si esas personas pudieran ser un poco más como yo era, podríamos llevarnos bien. ¿Alguna vez has pensado que si la otra persona con la que compartes una relación fuera más como tú, todo marcharía mejor? ¿Has tratado de cambiar a esa persona y has fracasado una y otra vez?

Cuando Dave y yo éramos novios, yo parecía y me comportaba muy normal. Seguramente lo hice muy bien, pues solo tuvieron que pasar cinco citas antes de que Dave me pidiera que nos casáramos. En realidad, no tuvo mucho tiempo para ver quién era yo en verdad. Dijo que desde la primera noche en que me conoció sabía que era la chica para él. Y resulta que así era, tenía razón, pero él tuvo que estar dispuesto a amar a alguien que era muy difícil de amar, y tuvo que hacerlo por mucho tiempo antes de tener una esposa que fuera más normal.

Creo que solo unos pocos hombres habrían hecho lo que Dave hizo, pues la mayoría de las personas son adictas a su comodidad; no muchos tienen la disposición de sufrir para darle tiempo a Dios para que sane a otra persona. Pero Dave es un hombre piadoso, por lo general, es un hombre paciente y, casi al inicio de nuestra relación, él aprendió a disfrutar de aquellas cosas de mí que eran buenas, y a entregarle a Dios aquellas que no lo eran. Sabía que no podía cambiarme, por lo que oraba por mí y seguía disfrutando de su vida.

Disfrute lo que tiene mientras espera lo que quiere

Creo que una clave para poder amar a alguien que es difícil de amar es disfrutar las cosas buenas de esa persona mientras espera que Dios trabaje en aquellas que no son buenas. Tal vez piensa:

> Disfrute las cosas buenas de esa persona mientras espera que Dios trabaje en aquellas que no son buenas.

Joyce, no existe una sola porción buena en la persona con la que estoy lidiando. Pero eso no es cierto porque todos tenemos nuestras cualidades. Si mantenemos el enfoque en sus aspectos negativos por un tiempo prolongado, quizás dejemos de ver las porciones buenas, las cuales sí existen si las buscamos en ellos.

Dios quiere que disfrutemos nuestra vida y es que ser miserables porque alguien más tiene problemas no los ayuda a ellos, ni a nosotros. Yo era infeliz, pero Dave no me dejaba hacerlo infeliz. Aunque esto me enfurecía, me ayudó a ser libre. La gente con abolladuras y grietas (problemas), por lo general quiere arrastrar a otros hasta donde están para que puedan sentirse mejor con ellos mismos. Sin embargo, si no les permite que lo arrastren, llegará el día en que puedan cambiar. Las personas infelices quieren que los demás también sean infelices.

Dave hizo por mí lo que Dios ha hecho por nosotros en Jesús. Romanos 5:8 dice: "Pero Dios muestra su amor por nosotros en esto: en que cuando todavía éramos pecadores, Cristo murió por nosotros".

Dave era amoroso y pacífico al punto en que yo quería tener lo que él tenía y tomé con seriedad mi relación con Dios para empezar a enfrentar mis problemas y recibir sanidad.

Cuando tenga que enfrentarse con alguien a quien es difícil amar, piense en cómo Dios lo amó cuando usted era difícil de amar y eso lo ayudará. El primer paso para amar a aquella persona que es difícil de amar es orar por nosotros para que tengamos una actitud piadosa y recordar que Dios nos amaba cuando nosotros éramos difíciles de amar.

Creo que la mayoría de nosotros somos difíciles de amar en alguna forma. A menudo, nos frustramos con las pequeñas faltas de otros, aunque nosotros tenemos faltas enormes que no vemos en nosotros mismos. Cuanto más nos ocupemos en lidiar con las imperfecciones de otra gente, será menos probable que veamos las nuestras. La estrategia del diablo es mantenernos ocupados

> El primer paso para amar a los demás es orar por nosotros, orar para que tengamos una actitud piadosa.

viendo las imperfecciones de los demás para que nunca reconozcamos nuestros propios problemas. La verdad es que no podemos cambiar a otros, pero sí podemos cooperar con la obra que el Espíritu Santo quiere hacer en nosotros cuando enfrentamos la verdad acerca de nosotros mismos, cuando nos arrepentimos y le pedimos a Dios que nos cambie.

Personas tipo puercoespín

A los niños les damos todo tipo de animales de peluche, incluso lagartos, los cuales no me parecen atractivos; sin embargo, nunca he visto un puercoespín de peluche a la venta. Tampoco he visto a ningún niño que cargue uno de estos juguetes. Quizás los niños disfruten de verlos, pero nadie quiere abrazar un puercoespín.

En el reino animal, es probable que la criatura a la que sea más difícil acercarse sea al puercoespín. No se les considera animales amorosos, pero se las arreglas para estar cerca una vez al año durante la temporada de apareamiento. Cada puercoespín tiene unas treinta mil púas afiladas que puede desprenderse con el tacto, ser muy dolorosas e incluso peligrosas. Estas púas son su medio de protección.

De esta misma manera, las personas desarrollan formas de protegerse a sí mismas, en especial si las han lastimado en el pasado. En ocasiones, nuestros métodos de autoprotección se atraviesan de forma inesperada contra quienes están tratando con nosotros.

Por ejemplo, aquella persona que ha sido lastimada podría estar muy a la defensiva y pensar que la rechazan, aunque sea así. O quizás pasen todo el día discutiendo para tartar de tener la razón en cada situación, puesto que esta es la única forma en la que pueden sentirse bien con ellos mismos.

Conozco a algunas personas que son así y las llamo "personas puercoespines". Tal vez usted conozca también a algunas. Es peligroso estar cerca de estas personas porque es probable que resultemos lastimados. Puede que nunca se entere si no se acerca mucho a ellos, pero si llega a acercarse lo suficiente, llegará el momento en que pueda ver sus abolladuras y grietas, y que sentirá sus golpes. Sería agradable que pudiéramos hacer el pedido del tipo de persona que queremos en nuestra vida, pero la gente viene como es y se trata de que los aceptemos como son o que terminemos solos.

Yo era una persona puercoespín, pero me esforcé para dejar de serlo. Me dediqué a orar con regularidad para ser una persona adecuada para otros y para que se sintieran bien cuando estaban cerca de mí. Estoy segura de que no siempre tuve éxito, pero tampoco fracasé el ciento por ciento de las veces. Todavía tengo púas ocasionales, pero Dios sigue obrando en mi vida y también quiero mantenerme dispuesta para trabajar con las personas puercoespín que Él pone en mi vida.

Quizás haya escuchado una vieja historia que trataba de unos puercoespines que necesitaban acercarse para estar tibios durante un invierno sumamente frío. Tenían que elegir entre congelarse o toparse de vez en cuando con las púas del otro puercoespín. Al final, eligieron quedarse junto y todos sobrevivieron al invierno.

Esta lección nos enseña algo bueno a todos. Es posible que tengamos algunas pequeñas heridas de vez en cuando a medida que caminamos en esta vida con otras personas, pero seguro que estaremos mucho mejor en una relación, que en soledad.

Deseo

Nunca podrá amar a personas que son difíciles de amar, a menos que tenga un deseo sólido de hacerlo por Dios y en obediencia a Él. Conozco esto como experiencia propia con mis padres. Nunca me dieron una razón para amarlos, al contrario, me dieron muchas razones para no hacerlo. Por lo que cuando Dios me pidió que los cuidara en su vejez, que les proveyera sustento y que me asegurara de que tuvieran una buena vida, se convirtió en uno de los

> *Si clamamos a Jesús como nuestro Señor, hay dos palabras que no podemos decirle: "No, Señor".*

momentos más difíciles para decirle sí. Aun así, tengo la seguridad de que ni remotamente se acercó a lo difícil que pudo haber sido para Jesús sufrir y morir por nuestros pecados. Si clamamos a Jesús como nuestro Señor, hay dos palabras que no podemos decirle: "No, Señor". Si nos pide que hagamos algo y respondemos que no, entonces, aunque sea nuestro salvador, no es nuestro Señor. Cuando Él es nuestro Señor, nuestra respuesta es sí.

Quiere agradar a Dios más de lo que quiere agradarse a sí mismo y si lo logra, Dios podría usarlos para cambiar la vida de alguien. Soy una prueba viviente de esta obra y ni siquiera quiero pensar en cuán miserable sería mi vida si Dave se hubiera negado ante Dios. Hubiera podido retirarse de la situación en cualquier momento, pero decidió quedarse. Ha compartido que en ocasiones se sentaba en su vehículo y lloraba porque ya no sabía qué hacer. Me duele saber que lo lastimé tanto, pero me llena de alegría saber que no se rindió conmigo.

Tener el deseo de agradar a Dios no significa que disfrutará de amar a la gente que es difícil amar. Recuerde, el amor es mucho más que un sentimiento, es la decisión de cómo los tratamos. Dios

> *Dios nos pide que no nos rindamos con las personas solo porque son difíciles de tratar.*

no pide que permitamos el abuso en nuestras vidas, pero nos pide que no nos demos por vencidos con ellos solo porque son difíciles de tratar. Hay ocasiones en las que no podemos estar con algunas personas porque son violentos, pero podemos seguir orando por ellos y amarlos en formas en las que no nos pongamos en riesgo. Estos casos son excepcionales, y la mayor parte de lo que hablamos en este libro se refiere a gente común y corriente que, por una diversidad de razones, son simplemente difíciles de amar.

Todo inició en el principio de todo

No es nuevo que la gente tenga imperfecciones o faltas. Solo necesita leer Génesis (el primer libro de la Biblia que también se conoce como "el libro del principio de todo") para darse cuenta de ello. Una de las primeras historias que se registran en Génesis trata de Caín (el primer hijo de Adán y Eva) que mató a su hermano Abel por celos (Génesis 4:8). En todo el libro de Génesis vemos de todo, desde poligamia a incesto, gente ebria, mentiras, el deseo de los hermanos de José de matarlo y hasta a Abraham teniendo relaciones sexuales con la sierva de su esposa (Génesis 4:19; 16:1–4; 19:30–38; 27:1–35; 37:18–20). Dios usó a la gente que se vio involucrada en estas situaciones, entonces, para mí significa que existe esperanza para nosotros.

Pareciera que, si vamos a amar a alguien, se tratará de personas con imperfeccione que serán difíciles de amar en ocasiones. Pero recuerde que somos imperfectos, que tenemos fallas y que también somos difíciles de amar. El amor es lo más maravilloso en el mundo y lo puede cambiar todo. Solo imagine cuán diferente sería el mundo hoy si las personas se amaran sinceramente, unas a las otras. ¿Será posible? Me gusta creer que sí es posible. En el reino natural, apartados de Dios, esto no es probable, pero la Biblia nos dice que todo es posible en Él (Mateo 19:26). Cuando lleguemos al cielo, esa será una realidad definitiva para nosotros los creyentes y disfrutaremos de una atmósfera de perfecta paz y amor.

No puedo conocer ni ser responsable por lo que los demás hagan, pero he decidido que amaré a las personas y por la gracia de Dios también se incluyen perso-nas que son difíciles de amar. Ahora le pido que tome esta misma deci-sión y creo que si muchos de nosotros tomamos la decisión, impactaremos al mundo en una forma positiva.

> *Permita que su conducta sea el sermón que nadie puede ignorar.*

Pasos prácticos para amar a las personas que son difíciles de amar

- No solo *trate* de amarlas, ni suponga que puede amar a quienes son difíciles de amar. Ore constantemente para que Dios le brinde la gracia para hacerlo. Apóyese en Dios buscando su ayuda, porque sin Él, seguramente fallará.
- Ore por las personas que para usted son difíciles de amar. Pida a Dios que les revele la verdad y los cambie. Pídale a Dios que ablande esos corazones duros.
- Sea un buen ejemplo. En lugar de convencerlos para que cambien, permita que su comportamiento sea el sermón que nadie puede ignorar.
- Prepárese para perdonar con frecuencia, al menos con la misma en que Dios lo perdona. Perdónelos, no porque lo merezcan, sino porque usted merece paz.
- No difunda las fallas ni los errores de ellos, no esparza rumo-res, ni hable de forma negativa acerca de ellos.

- Cuando llegue la oportunidad, bendígalos de alguna manera práctica o ayúdelos cuando estén en necesidad.
- Dé el ejemplo. Trate a todos con amabilidad y respeto, incluso aquellos que son irrespetuosos con usted, no lo haga porque *ellos* sean amables, sino porque *usted* lo es.
- No se jacte (ni se regocije en secreto) cuando tengan problemas o desventuras.
- Prepárese para ser paciente, porque amar con sinceridad requiere práctica y tal vez, más tiempo del que le gustaría.
- Mientras espera lograr un avance, tome buenas decisiones al tratar a otros de la misma forma en la que le gustaría ser tratado.
- Recuerde que lo que otros dicen y hacen, así como sus propias opiniones, se basan únicamente en su propio reflejo. No tome a personal esos comentarios, en lugar de enojarse con lo que digan, elija fortalecerse por ellos.
- Recuerde este dicho: "Las personas heridas hieren a los demás". Existe una razón por la cual las personas se comportan en la forma en la que lo hacen y generalmente no es porque quieran hacerlo. O están engañados o no se dan cuenta de lo que hacen. Tal vez, como era mi caso, solo actúan por su propia herida o se comportan según lo que observaron o según aprendieron cuando crecían.

> Recuerde este dicho: "Las personas heridas hieren a los demás".

- Aprenda a ignorar el drama, el desánimo y la negatividad alrededor de usted. No permita que lo limiten ni detengan de ser la persona que puede ser.
- No deje que la conducta de otros determine cómo se comporta usted.

Amor difícil

Amar a las personas no significa que nunca las vayamos a confrontar, sino que debemos hacerlo solo bajo la dirección de Dios y no cuando nosotros queramos. Mientras Dave esperaba a que Dios me cambiara, hubo veces en las que me confrontó, pero después de esa hacer frente al problema me seguía amando. No hubo una sola vez en la que me rechazara ni en la que me tratara mal por mi comportamiento. Esos momentos de confrontación fueron difíciles para mí y por lo genera reaccionaba con ira, pero Dave no peleaba conmigo. Su silencio le dio tiempo a Dios para trabajar conmigo y para ayudarme a ver que Dave tenía razón.

Dave permaneció siendo el mismo sin importar lo que yo hiciera. Así es Dios y esa también debería ser nuestra meta. Nunca me permitió arrastrarlo hasta el nivel de mi conducta, sino que, en lugar de ello, me dio un ejemplo de cómo quería llegar a ser.

Me puedo dar cuenta de que la situación de cada persona varía, por lo que es imposible establecer directrices que encajen a la perfección en cada situación. Sin embargo, si estamos dispuestos a seguir su dirección, Dios nos guiará de forma individual y personalizará un plan para todas las personas con quienes nos relacionemos.

¿Puedo prometer que si hace lo que le sugiero va a hacer cambiar la gente que es difícil de amar? No, no puedo prometerlo porque en ello no se involucra su voluntad, sino que, a la larga, son ellos los que toman la decisión. Pero incluso si nunca llegan a cambiar, usted recibirá bendición porque estará haciendo lo que Dios desea que usted haga, y eso es lo más importante que puede hacer.

Las personas tienen hambre de amor

No creo que haya una sola persona en la tierra que no quiera ser amada. De hecho, la mayoría de las personas que son difíciles de amar, lo son porque nunca han experimentado el amor real. No se sienten satisfechos y buscan algo que llene ese vacío que sienten, aunque a menudo no saben qué buscan y por ello, buscan en los lugares equivocados. Cada vez que creen haber encontrado lo que anhelaban, terminan desilusionados y eso causa que su comportamiento sea más desafiante para quienes los rodean.

> La mayoría de las personas que son difíciles de amar nunca han experimentado el amor verdadero.

Podemos amar a Dios por Él nos amó primero (1 Juan 4:19) y cuando tenemos su amor en el corazón, podemos dejar que fluya por medio de nosotros hacia los demás. Todo lo que Dios nos concede también debe fluir hacia los demás: su amor, paz, bondad, misericordia, perdón, gozo y muchas otras bendiciones.

Amar a la gente que es difícil amar será difícil durante muchos días y tal vez se vea como una tarea imposible durante algunos de esos días, pero Dios nunca nos pide hacer algo sin habernos dado la capacidad para lograrlo con su ayuda. No escuche la mentira de que es demasiado difícil, porque si cree que es difícil, así será. Puede lograrlo porque Dios está en usted y porque Él será quien lo haga a través de usted. ¿Está dispuesto a decirle sí a Dios?

CAPÍTULO 3

El carácter del amor

Queridos hijos, no amemos de palabra ni de labios para afuera, sino con hechos y de verdad.

1 Juan 3:18

Las palabras de amor son buenas, pero las acciones de amor son mejores. El amor puede verse y sentirse en tantas formas, pues en su carácter tiene rasgos específicos. Pablo escribe lo siguiente a los creyentes de Corinto:

> El amor es paciente, es bondadoso. El amor no es envidioso ni jactancioso ni orgulloso. No se comporta con rudeza, no es egoísta, no se enoja fácilmente, no guarda rencor. El amor no se deleita en la maldad, sino que se regocija con la verdad. Todo lo disculpa, todo lo cree, todo lo espera, todo lo soporta. El amor jamás se extingue, mientras que el don de profecía cesará, el de lenguas será silenciado y el de conocimiento desaparecerá.
>
> 1 Corintios 13:4–8

Cada característica que menciona Pablo en este pasaje corresponde al carácter del amor y debe tomarse en cuenta y practicarse de forma independiente una de la otra. Recuerde: la práctica logra la perfección; cuanto más practiquemos una destreza, mejor la manejaremos. Ponga en práctica el amor y empezará a sobresalir en el amor a los demás.

Tomemos un tiempo para ver de cerca las diferentes características del amor en 1 Corintios 13:4-8 y así entenderemos cada una para crecer en nuestra capacidad de expresarlo.

El amor es paciente

El amor se vuelve visible y presente a medida que nuestra paciencia se expresa con los débiles y los pecadores. En el mundo de hoy, muchas personas viven deprisa y ni siquiera saben por qué viven en tanta premura. Sin embargo, el hábito de la premura nos provoca volvernos impacientes con otros, en especial si estas personas cometen errores o si no se mueven tan rápido como quisiéramos que se movieran. Queremos que las personas sean pacientes con nosotros y nos ofendemos si no lo son. No obstante, en nuestro caso no siempre estamos dispuestos a darle a otros lo que queremos que nos den.

> No siempre estamos dispuestos a darle a otros lo que queremos que nos den.

Quiero confesar que esta clase de impaciencias es mi gran debilidad. Durante años he orado por esta razón y aunque sigo creciendo, todavía me falta un largo camino por recorrer. Escribir este libro ha sido una bendición, pues me ha permitido ver algunos puntos de mi vida a medida que escribo. Analizar estos puntos y compartirlos con usted me ayudará a amar a más personas.

La paciencia es sufrida, no se rinde con facilidad. La paciencia es un fruto del Espíritu Santo que solo crece bajo la prueba. A menudo, estamos renuentes a orar para pedir paciencia porque eso significa que enfrentaremos más situaciones que necesitarán que seamos pacientes. El apóstol Santiago describe a la persona paciente como seres "perfectos e íntegros, sin que les falte nada"

(Santiago 1:4). Significa que las personas pacientes viven en un contentamiento total con sus circunstancias actuales, porque confían en Dios y creen que Él siempre tendrá un plan que será de máximo beneficio para ellos.

Sin paciencia es difícil amar a las personas que son fáciles de amar, y básicamente casi imposible amar a quienes son difíciles de amar. Algunas personas nunca cambian y para amarlos, debemos estar dispuestos a lidiar con las mismas imperfecciones una y otra vez, de la forma en la que Dios hace con nosotros. Pareciera ser que Dios siempre resuelve poner en nuestra vida a aquellas personas que tienen rasgos que nos frustran o nos irritan.

> *Sin paciencia es difícil amar a las personas.*

Soy una persona con una actitud resolutiva y, por lo general, puedo decir en pocas palabras lo que quiero decir para llegar al punto exacto. Esto implica mi impaciencia con las personas que me quieren decir cada pequeño detalle de una historia o de una situación. Dave es alguien a quien le gusta dar detalles y le lleva mucho tiempo poder contarme lo que quiere comunicar. Si él quiere contarme una película que vio, sé que voy a pasar mucho tiempo escuchando la historia, pero me doy cuenta de que escucharlo con paciencia también lo hará sentirse amado.

Suelo ser una persona seria que tiene mucha responsabilidad, por lo que a menudo estoy pensando en lo que necesito hacer, enseñar, escribir, y por ello me irrito con facilidad con aquellos que andan mucho por las ramas, en especial si me encuentro en mi fase de trabajo. Sin embargo y de nuevo, si quiero amarlos, necesito ser paciente. Barbara Johnson dijo: "La paciencia es la capacidad de poner el motor en reposo cuando sientes que se están desgastando tus engranajes".

En ocasiones y mediante el amor, nos sentimos con el compromiso de acomodarnos a otros, aunque no siempre tenemos que ajustar lo que hacemos para hacer lo que alguien más quiere. Puede ser que en mi vida encuentre a alguien que esté deseoso de jugar y divertirse, pero que no entienda la responsabilidad que tengo ese día en especial. No tengo que dejar abandonada mi responsabilidad para hacer lo que esa persona quiere hacer, pero puede explicarle con amor que tengo cosas en las que debo meditar, de las que debo ocuparme y que son importantes, y que hoy necesito enfocarme de una forma más seria en ello. Si la persona me ama, entenderá la situación y querrá proveerme de lo que necesito.

Cuanto más cercana sea una relación, más importante será para nosotros saber lo que necesita la otra persona en la relación y lo que quiere para poder ofrecerlo siempre que nos sea posible. Como mencioné en un capítulo anterior, el libro *Los 5 lenguajes del amor* de Gary Champan explica este principio con detalles; vale la pena leerlo.

Algunas veces nos parece que algunas personas no tienen un lenguaje del amor, pero sí lo tienen; lo que pasa es que nosotros no lo hemos encontrado. En mi caso, me llevó mucho tiempo identificar el lenguaje del amor de Dave. Al preguntarle a él cuál era su lenguaje, no tenía idea. No obstante, después de un tiempo y con la ayuda de nuestros hijos, me di cuenta de que se trataba del tiempo de calidad. Amar es ofrecer a las personas lo que *ellos* necesitan y no lo que *nosotros* necesitamos. Entonces, cuando quiero mostrar amor a Dave, necesito escucharle y dejarlo que me cuente la versión extensa de lo que hizo o vio.

El amor es bondadoso

La bondad es desinteresada, compasiva y misericordiosa. No es algo que pueda ganarse, pues es un obsequio que recibimos con gratitud. Ser bondadosos con otros significa que hacemos alguna acción que no han ganado ni la merecen. Si queremos ver la imagen de la bondad, solo tenemos que ver a Jesús.

A menudo, hablamos o escuchamos acerca de acciones inesperadas de bondad. Se trata de hacer algo bueno para alguien que ni siquiera conocemos y que de seguro no ha hecho nada para ganar esa bondad que le hemos demostrado. El mundo es un lugar áspero y tenemos un privilegio como hijos de Dios, es el privilegio de mostrar bondad a los demás.

> Tenemos un privilegio como hijos de Dios: mostrar bondad a los demás.

Algunas personas no saben ni cómo recibir los actos de bondad por gracia porque han pasado toda su vida tratando de ganarse lo que tienen. La bondad se da por gracia y debe recibirse de la misma forma. Dios es bondad. Nos ha dado mucho más de lo que merecíamos y muchas veces retiene el castigo que nos merecemos. William Penn dijo: "Espero pasar por la vida solo una vez. Por lo que, si puedo mostrar algún tipo de bondad o hacer algo bueno por alguien, déjeme hacerlo en el momento, no lo rechace ni lo abandone, porque no volveré a pasar por aquí".

Quiero animarlo a que aproveche cada oportunidad que tiene en sus manos para mostrar bondad porque es lo que más necesita la gente; derrite los corazones y sana las heridas. Cuando hace algo bondadoso por alguien sin tener otra razón que la de ser bondadoso, se cubre de un poder que puede cambiar el mundo. Solo imagine lo diferente que sería el mundo si todos fueran bondadosos con los demás. No dudo que sería maravilloso. Hoy usted puede hacer una diferencia solo con ser bondadoso.

El amor no es envidioso

El amor se regocija cuando otros reciben bendición y no se llena de envidia, ni de celos contra ellos. Aquella persona que ama confía en que Dios le dará lo que es bueno para ella y lo hará en el momento preciso. No percibe que está en competencia con los demás, porque está segura de que no necesita compararse a sí misma con los demás. Robert Hielen dijo: "Una persona competente y segura es incapaz de tener celos en algo. Sin duda, los celos son un síntoma de inseguridad neurótica".

De acuerdo con Proverbios 14:30, los celos y la envidia corroen los huesos. Eso no suena bien, ¿verdad que no? La mejor medicina para evitar los celos y la envidia es admitir cuando lo estamos sintiendo, confesarlo a Dios y pedirle su ayuda en ese mismo instante. Incluso podemos tomar alguna acción enérgica y comprar un obsequio agradable para esa persona de la que estamos sintiendo celos, es una forma de informar al diablo que rechazamos vivir según sus métodos malvados. También podemos, y debemos, orar por la persona para que tenga éxito en todo lo que haga.

El amor es algo que debemos buscar, seguir y ponernos de manera intencional. No solo podemos desear sentir amor hacia alguien, sino que debemos tomar la determinación de amar, amar y amar a alguien más. La gente siente celos cuando tienen temor de alguien más, de que se les vaya a adelantar, de que se vaya a ver mejor que ella de que logre tener algo que ha anhelado, de que sea más popular que ella o que le haga perder el nivel de vida que llevan. La verdad es que, si confiamos en Dios, nadie puede quitarnos lo que Él desea que tengamos.

> Si confiamos en Dios, nadie puede quitarnos lo que Él desea que tengamos.

Seguramente se acuerda del rey David que se menciona en la Biblia y de su hijo Absalón. Absalón intentaba destronar a David y a espaldas de su padre ganaba el favor del pueblo (2 Samuel 15:1-12). Al final, Absalón ganó el corazón del pueblo y David tuvo que huir de la ciudad junto con su familia.

Dijo: "Devuelve el arca de Dios a la ciudad. Si cuento con el favor del Señor, él hará que yo regrese y vuelva a ver el arca y el lugar donde él reside. Pero, si el Señor me hace saber que no le agrado, quedo a su merced y puede hacer conmigo como le parezca" (2 Samuel 15:25-26).

Absalón terminó huyendo sobre una mula que se metió debajo de un gran roble. Su cabello se quedó atrapado en el árbol y la mula siguió de largo dejando a Absalón colgado en el aire. Ahí lo encontró Joab y sus soldados y lo mató (2 Samuel 18:33-19:4). Este es un ejemplo de que David, en lugar de llenarse de celos, dejó la situación en manos de Dios. Sabía que Absalón no podría apoderarse del reino, a menos que Dios quisiera que sucediera de esa manera.

Aquellos que saben cómo confiar en Dios se ahorran muchas angustias. Caminan en amor y saben que Dios siempre hará lo correcto y lo mejor para ellos. Entienden que nadie puede arrebatarles lo que Dios les ha dado.

Tengo que aceptar que en ocasiones me he sentido con celos, pero he tomado la determinación de no dejar que se acomode porque sé que no agrado a Dios y porque sería tonto de mi parte. Oro en contra de ese sentimiento y se aleja pronto. No es más que un plan del diablo para hacerme miserable y evitar que ame a la persona que está recibiendo la bendición. Los celos nos mantienen enfocados en lo que no tenemos y nos impide estar agradecidos por lo que sí tenemos.

El amor no es jactancioso ni orgulloso

En pocas palabras, el amor no tiene un concepto mayor de sí mismo porque la gente que camina en amor no pasa mucho tiempo pensando en ellos mismos. Sus mentes no se enfocan en ellos, sino en cómo pueden bendecir a otros.

La persona humilde no tiene problema para decir "lo siento" o "me equivoqué", pero el al orgulloso le cuesta pronunciar estas palabras. El orgulloso quiere que lo vean, quiere ser el primero y quiere saber más que los demás. Busca resaltar y que lo admiren, le gusta dar su opinión y piensa que está en lo correcto ante cualquier debate. Al orgullo siempre le sigue la destrucción, pero a la humildad le sigue el honor (Proverbios 16:18).

Los orgullosos tienen a jactarse de sus logros y hablan sin cesar de todo lo que hacen. Muy rara vez, si es que alguna vez lo hacen, dan crédito de sus logros a Dios o a alguien más. Dios humillará al orgulloso y este no se sentirá cómodo ante esa situación. Sin embargo, si las personas están dispuestas a humillarse ante la mano poderosa de Dios, Él los exaltará en el momento preciso (1 Pedro 5:5-6).

El amor no se jacta de sus propios logros porque sabe que no hubiera alcanzado nada si no hubiera sido por Dios y por el pueblo de Dios que lo ayudó. El amor se deleita en darle crédito a otros para luzcan ese logro. Entre mejor hagamos que otros se vean, mejor nos veremos ante los demás. La humildad es una hermosa característica que cuando la tenemos, la gente nos admira por ello. La humildad nos obsequia lo que intentamos obtener, sin éxito, por medio del orgullo.

> El amor se deleita en darle crédito a otros para que luzcan ese logro.

El orgullo es el pecado que provocó la expulsión del diablo (Isaías 14:12-15) y en realidad se convierte en la raíz de todo pecado. El orgullo siempre dice "yo": "yo quiero", "yo necesito", "yo hice", "yo haré". El amor no es orgulloso porque el amor se preocupa por el bienestar de otros, mientras que el orgullo solo se preocupa por sí mismo. Quizás la humildad es uno de los frutos del Espíritu Santo que es más difícil preservar porque el enemigo siempre nos susurra: "¿Y tú qué?". Se mantiene tentándonos para que pensemos al respecto y para que nos preocupemos de lo que nos sucederá. Trata de convencernos de que si no cuidamos de nosotros mismos nadie lo hará, pero esto no es cierto, porque Dios siempre estará a nuestro cuidado si confiamos en que Él así lo hará.

Dios quiere que cuidemos a otros mientras Él cuida de nosotros. Si le damos esa oportunidad, pronto nos daremos cuenta de que Él nos cuida mucho mejor de nosotros que si lo hiciéramos nosotros. Thomas Merton expresó: "El orgullo nos hace artificiales y la humildad nos hace reales". Samuel Butler manifestó: "Las características más verdaderas de la ignorancia son la vanidad, el orgullo y la arrogancia".

El amor no se comporta con rudeza

Es lamentable decir que la rudeza es uno de los sellos distintivos del mundo actual. La gente empuja a otros para avanzar sin importar si lastiman a alguien en el camino. Las expresiones *por favor* y *gracias* se han agotado en su vocabulario. Se apoderan el espacio de estacionamiento que estaba esperando, dejan un desorden para que otros limpien, lanzan la basura por la ventanilla del auto, interrumpen a la gente cuando habla, y otro sinfín de acciones. Hablan de forma áspera a quienes son pacientes con ellos o carecen de compasión a quienes lastimas. En pocas palabras, no les importan los demás. Piensan solo en ellos y no se ponen a pensar si su conducta lastima o hiere a alguien más.

Conozco a algunas personas que tienen modales impecables y estar cerca de ellos es refrescante. Cuando estoy con ellos, toda la atmósfera se siente agradable. Los padres deberían tomarse el tiempo de enseñar a sus hijos buenos modales, pero gran parte del problema es que los niños en la actualidad aprenden de sus padres y son padres a quienes no les enseñaron buenos modales.

El sentido común nos enseña que, si queremos que otros se sientan bien con nosotros, necesitamos tener buenos modales. Incluso si nadie le enseñó, puede aprenderlos en la Palabra de Dios y si encuentra a alguien que tenga buenos modales, aprenda de ese ejemplo también.

Los buenos modales muestran consideración y respeto por los demás. Mantenga disposición de aprender buenos modales y de empezar a practicarlos. De hecho, mi recomendación es que investigue acerca de los buenos modales en internet. Encontrará buenos ejemplos de las formas adecuadas de conducta.

No es egoísta

Nuestro yo se vuelca hacia adentro, pero el amor fluye al exterior. Una de las señales principales de los últimos tiempos es el egoísmo y realmente lo estamos viendo en el mundo actual. No hay nada de malo en hacer acciones para nosotros, de hecho, los animo a que las tomen. Sin embargo, si todo lo que hacemos es para nosotros, eso sí es incorrecto. Debemos ser serviciales, dadivosos y hacer todo lo que podamos para que las vidas de los demás mejoren.

Es imposible ser egoísta y feliz al mismo tiempo. Si solo tenga espacio para mí en mi vida, viviré de forma muy limitada e infeliz. Dejar el egoísmo podría ser la faceta más difícil para desarrollar el amor, pero con la ayuda de Dios podemos lograrlo.

> *Es imposible ser egoísta y feliz al mismo tiempo.*

A menudo, logro darme cuenta de que soy egoísta. Quiero comer lo que yo quiero y no lo que Dave quiere; quiere ver televisión, pero lo que yo quiero, en lugar de ver lo que él quiere. Quiero comprar un mueble que me gusta, no los que a él le gustan. Es doloroso aceptar esto, pero es bueno para el alma hacer estas confesiones. No estoy donde necesito estar, pero gracias a Dios tampoco estoy donde solía estar.

Jesús dice que si queremos ser sus discípulos debemos olvidar y perder de vista el yo interno y en nuestros propios intereses, tomar nuestra cruz y seguirlo (Marcos 8.34). La cruz que nos pide llevar es la vida sin egoísmo. Suena fácil, pero no lo es. Vivir sin egoísmo debe ser una búsqueda ardiente cada día de nuestra vida. Juan 15:13 dice: "No hay un amor más grande que el dar la vida por los amigos".

> *Vivir sin egoísmo debe ser una búsqueda ardiente cada día de nuestra vida*

Quizás podamos empezar con una acción desinteresada cada día para hacer un cimiento desde este punto. Cuando pasamos toda una vida tratando de hacernos felices puede ser difícil vencer el egoísmo de una vez para siempre. Sin embargo, podemos vencerlo con la ayuda de Dios. Nos ha dicho que amemos y ese amor no es egoísta, así que, con su ayuda, es posible que cambiemos a ser personas sin egoísmo.

El amor no guarda registro del mal que le han hecho

Podría decir que muchas personas en la actualidad son sensibles y tienen facilidad para ofenderse, pero el amor no se comporta de esa manera. No guarda rencor, perdona con facilidad de la misma manera en que Dios perdona. En un tiempo en mi vida estuve guardando registro mental de todo lo que me hacían y que me lastimaba. Podía hacer la lista de todas las veces que me enojé con la gente, pero el amor me enseñó a olvidarlo tan pronto como fuera posible. Siempre recuerde: cuanto más rápido se libere de la ofensa, dará menos opciones a que se formen raíces en su alma.

> *Cuanto más rápido se libere de la ofensa, dará menos opciones a que se formen raíces en su alma.*

No deje que los recuerdos negativos envenenen su alma. Solo lo harán infeliz e impedirán que ame a los demás. La amargura contagia todo en la vida, pero el amor mejora todo en la vida.

Incluso las personas con quien nos llevamos bien podrían lastimarnos alguna vez, y debemos dejar pasar con rapidez todo dolor y ofensa; de lo contrario, abriremos la puerta para que el diablo nos atormente. Pongamos en práctica ser esas personas que casi no se ofenden. No quiero desperdiciar mi tiempo con enojo, molestias u ofensas por ser sensible, y estoy segura de que usted piensa lo mismo.

Quiero decirlo nuevamente: la mejor manera para dejar de recordar el mal que le han hecho es olvidarlo lo más pronto posible. No conserve una lista mental, ni mantenga recuerdos de lo que han hecho en contra de usted, o se aferrará a todo ello. Dios perdona y olvida nuestros pecados, que es lo que deberíamos hacer cuando estamos tratando con otra persona. Otra estrategia muy útil es creer lo mejor de la gente en cada situación, en lugar de pensar lo peor de ellos.

El amor siempre piensa lo mejor de todos

Esta faceta del amor nos permite hacer lo que acabo de mencionar: liberarse de las heridas y las ofensas. ¿Podemos perdonar el dolor que otros nos han causado si estamos dispuestos a creer lo mejor de ellos? La pregunta siempre será: ¿Esta persona me lastimó a propósito o yo me sentí ofendido porque soy muy susceptible? A menudo, cuando la gente nos lastima se debe a que cuando lastiman ni se dan cuenta de que sus acciones están afectando a otros.

La Palabra de Dios nos enseña a no ofender y a pasar por alto las ofensas (Proverbios 19:11, Mateo 5:23-24). En el caso en que dos personas tengan responsabilidad, pero una rechaza hacer su parte, eso no elimina la responsabilidad de la otra persona para hacer lo que le corresponde. Si alguien toma una acción con el afán de ofenderme, no significa que tengo que tomar esa ofensa. Más adelante en el libro, encontrará un capítulo completo de la ofensa, porque la Biblia dice que una de las señales de la inminente venida de Jesús es que muchas personas se sentirán ofendidas y necesitamos saber cómo lidiar con ello.

Creer lo mejor de la gente nos evita gastar energía en la ira innecesaria. Podemos elegir creer lo mejor de alguien, así como podemos elegir creer lo peor. Podemos ser desconfiados o podemos actuar con positivismo y confianza. Claro está la tendencia es a pensar que no queremos que nadie nos haga daño sin estar protegidos, pero por el otro lado, podemos confiar en que Dios es quien nos protege porque Él ha prometido defendernos (Salmo 35:23–24).

> Creer lo mejor de la gente nos evita gastar energía en la ira innecesaria.

Los sabios hacen lo necesario para disfrutar de la vida y elegir creer lo mejor de otros nos ayudará a tener una vida con gozo, paz y con propósito. Lo que nos sucede no es tan importante como nuestra perspectiva de esas situaciones. La forma en la que vemos a las personas en las circunstancias en muy importante porque tener una perspectiva positiva puede convertir una mala situación en una buena.

Si se ha sentido lastimado en el pasado, puede que haya sido porque desconfiaba de la gente y quizás suponía que intentaban lastimarlo. Entiendo ese sentimiento porque yo también era así. En ocasiones mi actitud era de "no puedes confiar en nadie". Sin embargo, Dios me enseñó que tener esa perspectiva es una forma de vida miserable. Ahora prefiero confiar en las personas y equivocarme de vez en cuando, que ser desconfiada todo el tiempo y perder la oportunidad de tener relaciones y experiencias con personas que valen esa confianza. Alguien una vez dijo que la desconfianza es el cáncer de la amistad. No podemos ser ingenuos y suponer que nunca nos van a lastimar, pero tampoco deberíamos ser desconfiados y suponer que todos nos lastimarán. Lo insto a que se incline a creer lo mejor en la gente porque de esa manera será una persona mucho más feliz.

El amor no se deleita en la maldad ni en la injusticia

Al amor le duele la injusticia. La gente que ama siempre busca la justicia y el bien, no solo para ellos, sino para los demás. El amor no disfruta de ver el maltrato en la gente. Nos debería importar la vida de los demás y su dolor, por lo que debemos orar por ellos con constancia. También deberíamos hacer lo que esté a nuestro alcance para aliviarlos de ese sufrimiento. El amor no puede ver situaciones injustas sin que le importe.

Los medios de comunicación nos informan sobre asesinatos, violaciones, tiroteos y de todo tipo de violencia. Escuchamos casos de violencia doméstica, hambrunas, desastres naturales que arrasan con los hogares y las vidas de personas, niños que son víctima de trata sexual y muchas más situaciones espantosas. Es posible que resolvamos los problemas de todos ellos, pero podemos decidir que nos importe y decidir que no permitiremos que nuestros corazones se endurezcan ante la frecuencia de estas noticias. Todos podemos hacer algo, hacer algo que logre una diferencia enorme. Podemos apoyar económicamente a ministerios y organizaciones que ayudan a las víctimas y podemos involucrarnos como voluntarios para ayudarlos como podamos. Mi oración es que mi corazón no se vuelva insensible acostumbrándose a escuchar estas injusticias.

El amor nunca se da por vencido

La clase de amor que Dios ofrece soporta todo. Este amor derramado en nuestros corazones mediante el Espíritu Santo (Romanos 5:5), un amor que soporta todo sin debilitarse. Un amor decidido a no darse por vencido incluso con las personas más difíciles. Mi padre era una de las personas más crueles que conocí, pero el amor llegó a derretir su corazón y antes de morir, nació de nuevo y vivió en paz por tres años. Perdonarlo y amarlo no fue tarea fácil, pero fue más fácil que odiarlo. Doy gracias a Dios por darme la gracia de caminar en amor porque, en realidad, el amor nunca se da por vencido.

> *Perdonar y amar a las personas es más fácil que odiarlas.*

Es difícil seguir demostrando amor a alguien que pareciera que no lo aprecia, pero no somos responsables de cómo actúan los demás, sino que somos responsables únicamente de nuestras propias acciones. Tome la decisión de hacer lo correcto sin importar lo que hagan los demás y será una persona feliz. No se dé por vencido de caminar en amor, porque el amor nunca se da por vencido.

PARTE 2

El amor y la paz en las relaciones

CAPÍTULO 4

Cómo ser un pacificador

El silencio es un gran pacificador.

Henry Wadsworth Longfellow

La paz y el amor son las dos cualidades principales que el mundo necesita en este tiempo. Y así como cada uno de nosotros es responsable de caminar en amor e incluso de amar a las personas que son difíciles de amar, también tenemos la responsabilidad de ser pacificadores. Jesús dice: "Dichosos los que trabajan por la paz, porque serán llamados hijos de Dios" (Mateo 5:9). De acuerdo con este pasaje, todos los hijos de Dios debieran ser pacificadores. Quiero animarlo a que haga una evaluación sincera de sí mismo y que se pregunte si es un pacificador. Tal vez diga: "La verdad es que no causo problemas"; pero, la pregunta es: ¿Es un pacificador? Parte de amar a los demás es estar dispuesto a dar un poco más para lograr la paz cuando se han dado problemas entre usted y otras personas.

Cuando me tengo que enfrentar a problemas, tal vez no soy quien los empieza, pero ¿será que me esfuerzo para apaciguar la situación? Tomar estas acciones requiere humildad y decisión de guardar silencio, esa es la recomendación de la cita con que inicio este capítulo. Cuando somos pacificadores, quizás tengamos que permitir que alguien piense que nos equivocamos sin defender nuestro punto de vista. Hay tiempo para hablar y tiempo para callar (Eclesiastés 3:7) y necesitamos la sabiduría para discernir la diferencia.

La humildad y la paz trabajan juntas y las dos son atributos de la sabiduría (Santiago 3:13-18). Pablo nos anima a que vivamos en armonía unos con los otros y escribe que aquellos de pensamiento humilde viven así (Filipenses 2:2-5). La humildad nos ayuda a evitar discusiones insignificantes (2 Timoteo 2:23-24). Existen ocasiones en las que necesitamos enfrentar los problemas, pero también debemos aprender a no desperdiciar nuestra energía en problemas sin importancia.

Los sabios caminan en paz, son pacificadores y resguardan esa paz. En el mundo actual vemos mucha violencia de personas que luchan por la justicia. Sienten que han recibido maltratos y su demanda es que los traten diferente, pero la paz nunca se alcanza por medio de la violencia. Martin Luther King Jr., Nelson Mandela y Mahatma Gandhi son ejemplos maravillosos de personas que lucharon por la justicia, pero cuyas protestas fueron pacíficas, nunca violentas.

Jesús, el príncipe de paz

A Jesús se le conoce como el príncipe de paz (Isaías 9:6). A donde quiera que fuera llevaba paz porque la paz habitaba en Él. Marcos 4:39 nos cuenta que pudo ordenar a la tormenta que callara, porque en su interior tenía gran paz. Con frecuencia digo: "No podemos dar lo que no tenemos"; y no podemos apaciguar situaciones si nuestras mentes y emociones están en confusión.

Solo los maduros espiritualmente pueden ser pacificadores porque mantener la paz no requiere que vivamos según nuestros sentimientos. Si nuestra meta es mantenernos cómodos y felices, o que todo se haga según nuestra voluntad siempre, la paz será un punto imposible.

Un poco antes de que se presentara ante Pilato y fuera condenado a la muerte de cruz, Jesús dijo: "La paz les dejo; mi

paz les doy…No se angustien ni se
acobarden" (Juan 14:27). La traducción de la edición clásica de la *Ampli-*
fied Bible en este pasaje dice que no
dejemos que nuestros corazones

> Jesús nos da paz, pero
> somos responsables de
> resguardarla.

se atribulen. Dejar de tener miedo significa que debemos evitar
"estar agitados y perturbados". La paz está disponible para nosotros, solo tenemos que estar dispuestos a hacer lo que sea necesario para disfrutarla. Jesús nos da paz, pero somos responsables de
resguardarla.

Cuando recibimos a Jesús como nuestro Salvador y empezamos
a vivir con Él y para Él, una de las primeras bendiciones que logramos experimentar es la paz.

Siga la paz

Creo que está bien decir que es difícil lograr la paz, pero es mucho
más difícil preservarla. Casi a diario, Satanás se las arregla para
colocar circunstancias que nos roban la paz, y cuando mantenemos la determinación de preservarla, no logra su objetivo.

Crecí en una casa que era de todo, menos pacífica. En realidad,
nunca sentí la paz verdadera hasta que alcancé mis cuatro décadas. Después de decidir tener una relación seria con Dios y empezar a estudiar su Palabra, oraba para obtener paz, pero parecía
que siempre me eludía. Finalmente, Dios me enseñó que estaba
orando por paz, cuando lo que necesitaba era ir tras ella.

La Palabra de Dios nos enseña a seguir la paz: buscarla, anhelarla, perseguirla (1 Pedro 3:11). Debemos buscar, anhelar, seguir la
paz con Dios, con nosotros mismos y con los demás. En la edición
clásica de la *Amplified Bible*, en Colosenses 3:15 menciona que
debemos permitir que la paz sea el "árbitro" de nuestras vidas, lo
que significa dejar que la paz tome la decisión final sobre lo que

debemos hacer o dejar de hacer. Si tiene paz, sígala. Si no la tiene, espere a tomar una decisión hasta que tenga paz para saber qué debe hacer. Lograr la paz debe ser una de las prioridades principales en su vida.

Como ya lo dije anteriormente, gran parte de este libro se trata del amor y la paz porque son factores sumamente importantes que están ausentes en la sociedad de hoy. Satanás trabaja con diligencia para robarnos la paz, incluso puedo decir que se las arregla para enojarnos. Busca la forma en que las circunstancias nos irriten y su esperanza es que nos roben la paz. También busca personas que pueden ser útiles para su trabajo de irritación. Sin embargo, podemos vencerlo si nos aferramos a la paz que Jesús nos dejó. ¡Qué importante es aferrarse a esa paz!

Efesios 6:10-18 nos enseña cómo llevar bien la armadura espiritual y combatir al diablo en formas que nos permitan ganar nuestras batallas y mantener nuestra paz. Los métodos de Dios y las estrategias para la victoria son un tanto diferentes de las formas que dicta el mundo. Según la Palabra de Dios, para ganar la guerra espiritual debemos caminar en verdad, vestirnos en justicia y calzarnos con la paz, lo que significa que debemos caminar en paz (v. 14-15). Debemos tomar el escudo de la fe para "apagar todas las flechas encendidas del maligno" (v. 16) y ponernos el casco de la salvación (v. 17) para que podamos pensar de la forma en que piensan los hijos de Dios.

Así también nos dice que tomemos la espada del Espíritu, que es la Palabra de Dios (v. 17). Significa que debemos hablar la Palabra durante los tiempos de dificultad, porque así derrotará al diablo. Cuando el diablo tentó a Jesús, Él le respondió la frase "escrito está" y luego, le citó pasajes bíblicos para refutar las mentiras que Satanás había dicho para convencerlo (Mateo 4:1-10).

Por último, Efesios 6:18 nos dice que nos cubramos con oración en todo momento "con peticiones y ruegos". La oración debiera ser siempre nuestra primera línea de defensa contra cualquier problema que enfrentemos.

Como leyó al principio de este capítulo, Henry Wadsworth Longfellow dijo: "El silencio es un gran pacificador". Cuando a Jesús lo acusaron de acciones de las cuales no era culpable, Él preservó la paz y se mantuvo en silencio (Mateo 26:59-63). Tratar de defendernos de gente que ya han decidido lastimarnos es una pérdida de tiempo. Si ya han resuelto hacerlo así, solo

> La oración debiera ser siempre nuestra primera línea de defensa.

Dios puede cambiarlo. Esa es la razón por la que es mejor orar por ellos que tratar de convencerlos. Dios obra cuando oramos, pero cuando nosotros obramos sin Dios, Él solo aguarda.

Quedarnos en silencio cuando nos acusan falsamente también es difícil. Nuestro instinto básico es defendernos y protegernos porque queremos que las personas piensen bien de nosotros. Sin embargo, Dios es nuestro defensor y debemos orar y esperar en Él hasta que nos instruya para que tomemos algún tipo de acción.

Otra vez lo digo: debemos buscar la paz, seguirla, anhelarla e ir tras ella con todo nuestro ser. No solo podemos orar por paz, desearla y esperar a tenerla, debemos perseguirla y tomar la determinación de llevar la paz a donde quiera que vayamos.

Paz con Dios

La paz debe empezar con Dios. No podemos estar en paz con nosotros, ni con nadie más, hasta que no estemos en paz con Dios. Para ello necesitamos obedecer su voluntad y arrepentirnos de nuestros pecados cuando no lo obedecemos.

Mientras la gente siga cometiendo acciones que su conciencia condena, no podrá disfrutar de la paz. Es ilógico pelear contra Dios, porque o aprenderemos a vivir a su manera o seremos

> *Mientras la gente siga cometiendo acciones que su conciencia condena, no podrá disfrutar de la paz.*

miserables. Las personas que siguen comportándose de forma errónea deliberadamente, nunca tendrán paz y si no encuentran paz, no podrán ser pacificadores.

Hacer las paces con Dios es fácil. Lo que necesitamos es confesar y aceptar que hemos pecado, pues Dios ha prometido que nos perdona, que olvida el pecado y que nunca lo volverá a mencionar. Jesús ya pagó por todos nuestros pecados y solo está esperando a que aceptemos su perdón. No podemos pecar más de lo que la gracia de Dios pueda perdonar. Donde abundó el pecado, "sobreabundó" la gracia (Romanos 5:20).

Paz consigo mismo

Durante mis años en el ministerio, he podido ver que muchas personas no se agradan a sí mismos, olvidan ese amor equilibrado por ellos mismos. Este también fue mi caso. Me sentía avergonzada de mí misma por el abuso que había soportado, yo misma no me agradaba, y por ello, no podía estar en paz conmigo. A pesar de que el abuso no era mi culpa, me sentía culpable la mayor parte del tiempo. Claro que hubo ocasiones en las que pecaba y me sentía culpable por esos pecados, pero con frecuencia mi problema era ese sentimiento general de que algo no estaba bien conmigo.

Si a usted no le gusta quien es usted mismo, entonces es una persona miserable porque nunca podrá alejarse de usted. No importa a dónde vaya, ahí se encontrará. Amarse a sí mismo solo significa que ha aceptado el amor de Dios por usted. Con esto no quiero decir que nos enamoremos de nosotros y que seamos egoístas o que solo pensemos en nosotros, sino que necesitamos tener una actitud saludable hacia nosotros y apreciar lo que Dios hizo cuando nos creó.

Cuando no nos agradamos nosotros mismos estamos insultando a nuestro Creador. Dios nos creó con sumo cuidado y perfección con su propia mano (Salmo 139:13-15). Él no cometió errores, por lo que necesitamos recibir el amor que nos ofrece como un obsequio. No podemos ganarlo ni merecerlo, pero podemos recibirlo y estar agradecidos con ese regalo.

Ver nuestras imperfecciones y conocer los errores que cometimos en el pasado, podría ser la razón de nuestra dificultad para soltar y seguir adelante. Tratamos de cambiarnos y terminamos frustrados porque solo Dios puede cambiarnos. Él comenzó la buena obra en nosotros y será Él quien la finalice y perfeccione (Filipenses 1:6). Dios sabía, desde que nos creó, que cometeríamos errores y pecados, si no fuera así, no necesitaríamos de Jesús.

Debemos hacer nuestro mejor esfuerzo y colaborar con la obra del Espíritu Santo para madurar espiritualmente, pero no somos perfectos y aunque vamos cambiando conforme el paso del tiempo, cometemos errores. Cuando Jesús, el único ser perfecto, regrese, todos cambiaremos "en un abrir y cerrar de ojos" (1 Corintios 15:52). Debemos recordar que, aunque la gente nos ve y juzga según lo que alcanzan a ver o según la experiencia que han tenido con nosotros de forma superficial, Dios ve nuestro corazón. Creo que podemos tener un corazón perfecto ante Dios, pero no podemos tener una conducta perfecta hasta que abandonemos nuestros cuerpos corruptibles.

Todos debemos aceptarnos en el lugar donde estamos y debemos celebrar el progreso que hemos tenido a medida que Dios nos va cambiando poco a poco, o como las escrituras dicen: "de gloria en gloria" (2 Corintios 3:18). La buena noticia es que podemos disfrutar de nuestra vida y disfrutar de nuestra relación con Dios mientras cambiamos.

> *Podemos disfrutar de nuestra vida y disfrutar de nuestra relación con Dios mientras cambiamos.*

Le hago esta pregunta: ¿qué es lo que no le gusta de usted? Si puede cambiarlo, cámbielo. Si no puede cambiarlo, ore por ello, estudie lo que dice la Palabra de Dios acerca de los aspectos de su vida y confíe en que Dios hará la obra que necesita en usted. No se enfoque en sus imperfecciones. Cuanto más piense en ellas, más grandes se verán. Tal vez no le guste cómo se ve o no le guste su personalidad, pero quizás se deba a que se compara con alguien más. Cada uno de nosotros es único y precioso a la vista de Dios y no debemos compararnos con nadie más. Que sea una persona única que no se parece a nadie no significa que tenga algo malo.

Todos tenemos acciones incorrectas, pero así también tenemos acciones correctas.

Por ejemplo, en algunos casos sigo siendo impaciente y cuando esto sucede, me arrepiento y le pido a Dios que me perdone. Aunque también soy muy generosa. Me encanta dar y la generosidad es uno de mis regalos motivacionales. No puedo cantar ni ejecutar un instrumento musical, pero soy buena comunicadora y maestra de la Biblia. Todavía reconozco mi egoísmo en algunas ocasiones, pero ofrezco misericordia y puedo perdonar. Ese mismo principio puede estar en usted. Claro que tiene debilidades y fortalezas de las que debe estar plenamente consciente. Saber cuáles son sus fortalezas no es ser arrogante o estar equivocado, sino que es bueno y saludable.

Debemos alejar nuestra vista de todo lo que nos distrae y en lugar de ello ver a Jesús quien es "el iniciador y perfeccionador de nuestra fe" (Hebreos 12: 2). Ver nuestras faltas una y otra vez nos distrae, evita que crezcamos espiritualmente y nos aleja de lo que Dios quiere que hagamos. No debemos negar nuestras fallas, pero tampoco debemos enfocarnos en ellas de forma excesiva.

Llegar a hacer las paces consigo mismo son importantes para que disfrute de su vida, pero también es importante para la gente con quien se relaciona. Si no está en paz consigo mismo, nunca podrá estar en paz con nadie más.

La forma en que los pensamientos afectan su paz

Nuestros pensamientos afectan nuestras palabras y nuestro comportamiento. No podemos tener paz en la vida si no tenemos pensamientos de paz. Recomiendo enfáticamente que sea deliberado con sus pensamientos y no solo esperar a ver qué llega a su mente para pensar en ello.

Me gusta animar a las personas para que tengan pensamientos poderosos y esos son aquellos que agregan poder a su vida, que lo fortalecen en lugar de robarle la energía y debilitarlo. Si quiere convertirse en un pacificador, debe empezar invirtiendo un poco de su día para tener pensamientos de poder y decir: "Soy un pacificador, me esfuerzo para que haya paz en todo lugar al que voy. Evito los conflictos y la desunión". A medida que lo siga haciendo, también estará renovando su pensamiento y esto lo ayudará a apreciarse desde una perspectiva nueva. Cuando usted empieza a creer que es un pacificador, ahí empezará a serlo.

Otra herramienta poderosa es su arsenal en la Palabra de Dios. Si en serio está buscando la paz, empiece a buscar en las Escrituras, ya sea en la computadora o en una concordancia bíblica, cada versículo que hable de paz. Léalo una y otra vez hasta que se conviertan en parte de usted.

Sea diligente en su esfuerzo para lograr lo que desea. Las personas holgazanas nunca alcanzan la victoria, pero usted sea decidido en hacer lo que le corresponde para tomar parte en esta batalla de la fe. Podemos solo desear paz, pero solo desearla no la traerá a nuestra vida. Debemos insistir en tener paz y hacer todo lo que está a nuestro alcance para que suceda.

Cuando alguien hace algo que a usted le desagrada y desde ahí empieza a pensar en todas las características que no le gustan de esa persona o las formas en las que lo irrita cambie sus pensamientos y empiece a pensar lo mejor de esa persona, permita que el amor se manifieste en sus acciones. Ore por esta persona de inmediato y verá que es difícil mantener enojo contra alguien por quien está orando.

La Palabra de Dios dice que "tenemos la mente de Cristo" (1 Corintios 2:16) y debido a que esto es verdad, debemos tener la capacidad de pensar como Él. Aceptemos que desarrollar nuevos pensamientos y hábitos requiere tiempo, pero no hay mejor momento para empezar que ahora mismo.

> *Es difícil mantener enojo contra alguien por quien se ora.*

Conozca qué cosas roban su paz

Todos tenemos algo que nos roba la paz, por lo general, es aquello que nos molesta; por ello, es importante que conozcamos qué es. ¿Qué tipo de situaciones roban su paz? ¿Quiénes son las personas que lo irritan más? ¿Qué tienen que lo molesta? Le hago estas preguntas porque estar consciente de lo que molesta puede ayudarlo a evitar estar enojado y ayudarlo a no caer en la misma trampa, una y otra vez.

La conciencia le da una oportunidad para orar por todo esto. No solo pida a Dios que cambie a la gente o las circunstancias que lo irritan; pídale que lo cambie a usted y que lo haga más tolerante. Pídale que lo ayude a mantener templanza y calma en medio de las circunstancias que ponen a prueba su paciencia. Busque esos aspectos positivos en la gente, en lugar de enfocarse solo en las cualidades que ve como negativas. Busque y enfóquese en las bendiciones (no en los desafíos) de su vida.

Uno de esos puntos que me roba la paz es la prisa. Me he

esforzado para dejar suficiente tiempo para hacer lo que necesito sin tener que apresurarme. Además, siempre he sido una persona esforzada, por lo que los holgazanes me molestan y tengo que recordar que no nos parecemos. Soy una persona decidida, por lo que las personas pasivas me frustran. Quiero que tomen decisiones y actúen en lo que necesitan hacer sin poner pretextos por su falta de acción; sin embargo, nuevamente debo recordar que no nos parecemos. Tengo tantas deficiencias como cualquier otra persona, solo que en diferentes áreas. La mayoría de nosotros tiende a juzgar a las personas que nos no son fuertes cuando nosotros sí lo somos, pero Dios nos dice en su palabra que no debemos juzgar a otros para que no seamos juzgados (Mateo 7:1). Romanos 2:1 nos dice que hacemos lo mismo que juzgamos en otros. Vemos sus faltas y claro está que suponemos que no hay excusa para su comportamiento, pero cuando se trata de nosotros, no dudamos en excusarnos.

La preocupación roba la paz de cualquiera, pero en nuestro caso no debemos preocuparnos, al contrario, debemos orar.

> *No debemos preocuparnos, al contrario, debemos orar.*

No se inquieten por nada; más bien, en toda ocasión, con oración y ruego, presenten sus peticiones a Dios y denle gracias. Y la paz de Dios, que sobrepasa todo entendimiento, cuidará sus corazones y sus pensamientos en Cristo Jesús.

Filipenses 4:6–7

Esta es la porción de la Biblia a la que acudo cuando empiezo a preocuparme. Medito en ella y la repito con voz alta hasta que me tranquilizo. La Palabra de Dios está llena de poder y lo ayudará si la usa según el mismo propósito de Dios.

Tengo una fe sólida en el poder de la oración porque he visto lo que Dios hace cuando oramos. He aprendido que una oración puede lograr mucho más que años de preocupación, cuyo resultado es desgastarme, hacerme difícil las relaciones, darme dolores de cabeza y robarme el gozo.

Estoy consciente de algunas otras cosas que pueden robarme la paz (y tal vez a usted le pasa también) y son momentos en los que somos inseguros; no tomamos decisiones claras y tratamos de entender las situaciones a pesar de que solo Dios tiene las respuestas; nos negamos a perdonar a la gente que nos ha lastimado. Cuando me dejo llevar por el hambre puede volverme irritable. Me molesto cuando la computadora toma su propio rumbo y no funciona cuando estoy a la mitad de un proyecto que necesito finalizar. La impresora me lleva al punto máximo de la paciencia cuando el papel se atasca y parece que no puedo repararla. Toda la tecnología disponible es maravillosa hasta que deja de funcionar, en especial si usted es como yo, con una mentalidad no tan tecnológica como para reparar estos objetos. Otro punto que me roba la paz es dejar de enfocarme en mis propios asuntos. En ocasiones, cuando menos sepamos de alguna situación, más pacífica será.

Cuando permito que las circunstancias o la gente me robe la paz, he aprendido a respirar profundamente y decir: "Joyce, cálmate, porque molestarte no cambiará nada". Está bien hablar con usted mismo. En ocasiones debo convencerme a mí misma de salir de una caja, por así decirlo. Cuando estoy a punto de involucrarme en una situación que me robará la paz, me convenzo de no hacerlo.

Tal vez cuando lea acerca de estas situaciones me roban la paz, usted pueda identificar qué lo molesta en forma constante. Lo animo a que haga una lista de aquello que robe su paz. Propóngase que, con la ayuda de Dios, no permitirá que las situaciones lo controlen, sino que usted elegirá la paz.

¿Cuál es el valor de la paz?

Vivir en paz es vivir en el reino. El reino de Dios no está conformado de posesiones ni de tesoros terrenales, "sino de justicia, paz y alegría en el Espíritu Santo" (Romanos 14:17). No estaríamos viviendo la vida que Jesús pagó para nosotros si no tenemos paz. Si para usted algo no es valioso, entonces no hará lo que debe hacer para tener esa vida. Entonces, pregúntese: *¿Cuánto valoro la paz?* ¿Está dispuesto a hacer los cambios necesarios para tener paz?

> No estamos viviendo la vida que Jesús pagó si no tenemos paz.

¿Está dispuesto a unirse al ejército de pacificadores que Dios necesita para revertir la ola que roba la paz en el mundo de nuestro tiempo? Podemos hacer una diferencia si cada uno se dedicara a hacer su parte. Deje que la paz empiece en su corazón y en su hogar para que se esparza desde ahí. Si decide unirse al ejército de los pacificadores, tendrá que saber que no todos están dispuestos a estar en paz con usted. Pero en cuanto dependa de ustedes, vivan en paz con todos (Romanos 12:18).

CAPÍTULO 5

El peligro de la ira

El temor es el único enemigo verdadero, es hijo de la ignorancia y padre de la ira y el odio.

Edward Albert

Creo que la cita con la que abre este capítulo nos da un panorama de lo que sucede en el mundo en estos días. Sabemos que muchas personas están más enojadas que nunca y muchas se han llenado de odio hacia con quienes están enojadas. Los resultados de la encuesta de salud Watson NPR-IBM de 2019 reflejan que el 84 % de los entrevistados dijeron que las personas en Estados Unidos mantienen más enojo ahora que las de la generación pasada.

Tengo dos nietas que trabajan en un restaurante de comida rápida y me han contado historias de personas que se enojan cuando no reciben su comida con suficiente rapidez o cuando sienten que no les dieron la suficiente cantidad de sobres de kétchup. Han amenazado, insultado y gritado a estas niñas y a otros compañeros de su trabajo. Ellas han visto a adultos comportarse peor que un niño de dos años con una rabieta temperamental. Es posible que estas personas no estén enojadas a causa de la comida, sino que solo están enojadas y explotan cada vez que algo no fluye en la forma en la que quieren. Tal vez están enojadas por algo que no tiene ninguna relación con su pedido de comida, pero se desquitan con cualquiera que las irrita. Son como ollas de presión que están listas para explotar.

Tal vez la ira de esta gente está fundamentada en el temor: sienten temor de que no recibirán lo que quieren, temor de que alguien los trate mal o los ignore, temor de la injusticia, temor de la situación del mundo, temor por preocupaciones económicas, temor por sus hijos, temor por sentir que alguien se aprovecha de ellas y, en fin, todas las demás clases de temor.

"El perfecto amor echa fuera el temor", dice 1 Juan 4:18 (RVR-1960). Cuando sabemos que Dios nos ama, dejamos de sentir temor, y es que cuando ya no tememos, dejamos de llenarnos de ira y odio.

La causa del enojo o ira también puede ser una herida o injusticias que las personas han vivido. Muchas personas están enojadas porque sienten que han sido tratadas injustamente en el pasado. Quizás tengan razón, pero ese enojo nunca cambiará la situación. La oración, el perdón, la paz y el amor son mucho más poderosos que la ira.

> La oración, el perdón, la paz y el amor son mucho más poderosos que la ira.

¿Qué enoja a las personas? Creo que, de forma instintiva, la gente sabe que algo terriblemente malo habita en este mundo y no saben qué hacer con ello, por lo que buscan a quien culpar y a alguien con quien estar enojados. La gente está enojada con las noticias, el presidente y con otros políticos. Si son pobres, quizás estén enojados con los ricos. Tal vez están enojados con una cultura o raza que es diferente a ellos. Puede que el enojo sea con su trabajo, el pago, las condiciones laborales o los ascensos que piensan que merecen, pero que no obtienen. La gente está enojada por la injusticia, o por lo menos con lo que perciben como injusticia.

Debajo de todas las razones que podamos enumerar, creo que la razón verdadera del enojo de la gente es que tratan de vivir sin Dios. O si dicen que creen en Dios, no lo sirven ni lo obedecen. El problema con el enojo es que no se resuelve nada y puedo decir sin dudarlo, que, si todos amaran y obedecieran a Dios, no tendríamos ninguno de los problemas que se enfrentan en el mundo hoy.

Al estar en una relación con Dios, su amor aleja el enojo. El mundo es un lugar violento y es imposible resolver nuestros problemas con violencia. El amor es la única respuesta; el amor comprende que la violencia nunca puede darnos paz. Martin Luther King Jr. dijo que el amor es el único que tiene el poder para convertir un enemigo en amigo. También dijo: "Un día llegaremos a ver que la paz no es simplemente un objetivo lejano que buscamos, sino un medio por el que llegamos a ese objetivo. Debemos perseguir fines pacíficos con medios pacíficos".

> *Al estar en una relación con Dios, su amor aleja el enojo.*

La Biblia nos muestra por lo menos dos grandes ejemplos de hombres iracundos debido al temor; los dos eran personas que se sintieron amenazadas por el rey David. En la primera historia el hermano de David, Eliab, vio cuando Samuel ungió a David como futuro rey de Israel (1 Samuel 16:1-13). Eliab quería esa posición para él, por lo que se llenó de celos y estos se convirtieron en odio y enojo (1 Samuel 17:28).

Me imagino que Eliab también tenía temor de que David se viera mejor que él o que fuera más popular. Después de todo, Eliab era un soldado y era mayor que David. Estoy seguro de que se sintió con derecho de recibir la unción y de ser elegido rey. Sin embargo, Dios ve el corazón y no el exterior de la persona (1 Samuel 16:7); Dios vio en David el corazón de un gran líder para su pueblo.

Cuando la batalla empezó entre los israelitas y los filisteos, David fue a ver qué sucedía y Eliab empezó a menospreciarlo con sus palabras. De hecho, en 1 Samuel 17:28 dice que "se encendió en ira" contra David y le preguntó: "¿Para qué has descendido acá? ¿Y a quién has dejado aquellas pocas ovejas en el desierto? Yo conozco tu soberbia y la malicia de tu corazón". David ignoró a

Eliab y eso precisamente es lo que deberíamos hacer con aquellos que tratan de hacernos sentir incapaces e inaceptables.

En el segundo ejemplo el temor condujo a ira al rey Saúl, quien reinó como rey cuando David ya había sido ungido y estaba tan enojado con David que en varias veces trató de matarlo. Su ira estaba cimentada en el temor y los celos porque David tomaría su trono de forma prematura. Saúl estaba consciente de su desobediencia a Dios y de que perdería su trono por esa razón. David era muy popular entre el pueblo y el enojo de Saúl llegó a pico más alto. Parecía que todo lo que podía hacer era pensar en matar a David (1 Samuel 18:6-12, 29).

Es sorprendente ver lo que el temor y los celos pueden hacer en una persona, pero estar enojados no resuelve nuestros problemas, ni evita que Dios cumpla con su propósito.

¿Es el enojo un pecado?

La Biblia nos enseña que podemos enojarnos sin pecar (Efesios 4:26-27). Sentir la emoción del enojo no es un pecado, pero lo que hacemos con el enojo puede convertirse en pecado si no lo manejamos adecuadamente. Las escrituras en Efesios dicen que "si se enojan, no pequen" (Efesios 4:26) y también nos dice que no permitamos que el enojo dure hasta la puesta del sol ni demos cabida al diablo.

Si se enoja con alguien, lo mejor que puede hacer es ser humilde, llamar o visitar a la persona y disculparse. Incluso si cree que usted no provocó el altercado, aun así, puede tomar el proceso para ser el pacificador. La palabra *ira* se asocia de cerca con la palabra *peligro* y ni una ni otra promueven la justicia que Dios desea. Santiago 1:19-20 nos enseña a "estar listos para escuchar, y ser lentos para hablar y para enojarse".

Una de las mejores formas para manejar la ira es tratarla de inmediato y es que si esperamos mucho tiempo, más nos llenamos de ella. Lo animo a que no permita que la ira se anide en su corazón porque podría cavar raíces. Siempre tenga en mente que la ira es inútil y recuerde que no le agrada a Dios. Empiece por buscar y a leer cada pasaje que mencione la ira o el enojo. Si tiene un problema de ira, escriba estos pasajes en una tarjeta, un papel o anótelos en su teléfono para que tenga acceso rápido cuando los necesite. Lea, medite en ellos y dígalos en voz alta. Permita que la Palabra de Dios obre en usted y esta será la herramienta más efectiva que pueda tener.

Algunas personas simplemente no pueden controlar su ira por ellos mismos, por lo que, si usted es parte de este grupo, lo animo a buscar ayuda profesional para este caso. Sin importar lo que haga, no permita que la ira controle su vida.

Mi padre era un hombre lleno de ira y puedo dar fe de que tenía una vida miserable y también hacía miserable la vida de quienes lo rodeaban. Las personas que se dejan llevar por la ira, a menudo terminan quedándose solas. Tarde o temprano, aquellos que rodean a las personas airadas se desgastan de estar lidiando con ellos y buscan amistades con quienes pasar momentos más agradables.

> Las personas que se dejan llevar por la ira, a menudo terminan quedándose solas.

Salomón, el rey al que llamaron el hombre más sabio en el mundo, escribió que el enojo se abriga en el corazón del necio (Eclesiastés 7:9). También escribió: "Más vale ser paciente que valiente; más vale el dominio propio que conquistar ciudades" (Proverbios 16:32). Esta cita es sumamente profunda si nos detenemos a meditar en ella. ¿Cree que es una persona que razona bien las cosas? Si es así, usted podrá gobernar su espíritu, es decir, controlará su ira. No significa que nunca va a enojarse, sino que podrá controlar sus emociones y hará uso del dominio propio.

¿Qué pasa con los amigos? ¿Son personas pacíficas o enojadas? La Palabra de Dios nos aconseja a alejarnos de las personas airadas y exaltadas, de hecho, a no relacionarnos con aquella persona que se enoja con facilidad (Proverbios 22:24-25). ¿Por qué? Porque si pasamos mucho tiempo con ellos podríamos convertirnos en personas similares.

Hace unos días estaba esperando ante la luz roja del semáforo. Cuando la luz verde se encendió, el hombre que estaba detrás empezó a sonar la bocina de su auto. La gente es impaciente y en estos días, están al borde de su carácter. Pareciera que están listos para explotar a la más mínima provocación y no dudo que el diablo disfruta de esas situaciones.

¿Está enojado consigo mismo?

¿Está enojado consigo mismo por los errores cometidos? Si es así, no hay nada que pueda hacer, solo arrepentirse, dejar el pasado atrás y seguir adelante. Si no lo hace, terminará desperdiciando el resto de su vida.

Muchas personas no usan el dominio propio y se mantienen enojadas con ellas mismas. Ven que sus vidas son un desastre y saben que es su culpa. Sin embargo, en lugar de hacer algo para cambiar la situación, solo se sienten culpables y se castigan a sí mismos pensando en la actitud que hubieran tomado, pero que no pasó. Nunca es tarde para empezar a hacer lo correcto.

> *Nunca es tarde para empezar a hacer lo correcto.*

La gente que busca complacer a otros se enoja con ellos mismos, porque dejan que otros tomen el control de su vida y de sus decisiones. Guardan ira porque han sido débiles; sin embargo, nuevamente debo decir que enojarse no resuelve nada, solo nos hace miserables y eso causa que lastimemos a otras personas.

> *Si está enojado consigo mismo, el enojo se hará evidente y se manifestará hacia otros.*

Puede retomar el poder sobre su vida y empezar a tomar sus decisiones bajo la dirección del Espíritu Santo. Esto no le gustará a quienes han ejercido control sobre su vida, pero usted debe decidir si quiere ser feliz consigo mismo o seguir haciéndolos feliz a ellos.

Si está enojado consigo mismo, el enojo se hará evidente y se manifestará hacia otros. Se sentirá culpable con ellos o razonará para dirigir a otros la ira que, en realidad, siente hacia usted. En el libro de 1 Pedro 3:11 encontramos que debemos vivir en paz con Dios, con nosotros y con nuestro prójimo, y yo creo que la paz debe darse en ese orden. Primero, debemos estar en paz con Dios, luego con nosotros mismos y por último, con el prójimo. Podemos amar a los demás, incluso a aquellos que son muy difíciles de amar.

¿Su enojo se debe a que su vida no ha sido justa?

Mucha de la ira que experimentamos en el mundo actual se debe a un problema: mucha gente siente que su vida no ha sido justa. Algunas personas sienten que no han recibido buenos tratos en el pasado y lo que buscan es cobrar lo que creen que se les debe. Entiendo

> *Descargue todas sus injusticias en Dios.*

este sentimiento porque yo misma lo he sentido. Al ser alguien que había sufrido abuso sexual, sentía que me debían algo, pero trataba de cobrarlo en la gente equivocada. Buscaba que me compensaran, pero lo buscaba en personas que nunca podrían pagarme el daño. Incluso mi padre, quien fue el abusador, no podría devolverme lo que me había arrebatado. Solo Dios pudo pagarme y solo Dios puede pagarle.

Si está tratando de cobrar el doloroso pasado y la injusticia, descargue todas sus injusticias en Dios y pídale que sea su defensor. Dios dará el doble de las bendiciones por esos problemas del pasado, pues solo Él puede hacerlo.

> Porque ustedes han tenido que sufrir el doble de lo que se merecían, y los han llenado de vergüenza y de insultos. Por eso recibirán doble porción de riquezas y para siempre serán felices.
>
> Isaías 61:7 TLA

Antes de despojarse completamente de la ira es importante ubicar cuál es la fuente. ¿Está enojado con una persona que lo trató mal? ¿Con el sistema del mundo? ¿Con un familiar? ¿Con un abusador? ¿Con un amigo? ¿Con la vida en general? ¿Está enojado porque su vida no tomó el rumbo que esperaba? ¿Está molesto con Dios porque le pidió algo que no recibió? Si está enojado, ¿con quién lo está? Hable sobre su enojo, despójese de él y descárguelo sobre Dios; pídale justicia y siga adelante con su vida. Cada día que usted aplaza este proceso es un día más que retiene su miseria, porque la gente enojada es gente miserable.

¿Está enojado y no sabe por qué?

Algunas personas se mantienen enojadas sin saber cuál es la causa de ese enojo. Así era yo, pensaba que, porque me había alejado de mi padre al cumplir los 18 años y me había ido de la casa, también se habían quedado todos los problemas en el pasado. Sin embargo, todo eso me lo llevé en el alma. Estuve con toda esta carga por años sin saber qué era. Esa carga me entristeció, me enojó, me llenó de insatisfacción y de falta de contentamiento, me impidió amar y me llevó a pasar por muchos trastornos. Tuve dificultad con todo ello, pero no tenía ni idea de cuál era la causa.

El primer paso que tuve que tomar hacia la libertad y la paz fue aceptar la ira. Tenía que aceptar que era una persona con enojo y que trataba de usarlo para controlar a otros en mi vida. Le pedí ayuda a Dios y de forma gradual empecé a ver que mi comportamiento tenía raíces en mi niñez y que tenía que tratar con esta situación. Todo aquello de lo que escapamos sigue persiguiéndonos. Yo me escapaba de la verdad, pero solo la verdad podía hacerme libre (Juan 8:32). Tenía que enfrentar el hecho de que mis padres no sabían (y quizás nunca llegarían a saber) cómo amarme, pero tenía un padre en el cielo que me amaba más que cualquier otra persona en la tierra.

Ya lo he mencionado antes, sufrí abuso sexual. No podía regresar al pasado para deshacer lo que había pasado, pero sí podía entregárselo a Dios y pedirle que obrara en mí por mi bien de acuerdo con lo que dice Romanos 8:28. No me tenía que ver como víctima porque cuando recibí a Jesús había muerto mi vieja naturaleza y en su lugar, había nacido una nueva criatura en Cristo (2 Corintios 5:17).

Ira reprimida

Existe la ira pública y existe la que se reprime. La primera es pública porque no se oculta, sabemos que está ahí y también la gente puede notarla. Pero la ira reprimida es aquella que se ha presionado hasta lo más profundo, por tanto tiempo, que llegamos a creer que no estamos enojados. Quizás tengamos otros problemas que surjan de la ira reprimida, pero esos no son el problema real. Tal vez seamos personas criticonas, negativas, amargadas y hasta cínicas. Quizás tengamos una mala actitud, seamos celosos o nos estemos enfrentando con un desorden alimenticio, una adicción a alguna sustancia, bebida o juego, o muchos otros comportamientos disfuncionales. Podemos lidiar con el fruto de todo ello e incluso si ganamos, otro fruto surgirá en su lugar hasta que no tratemos la ira reprimida por completo. Es como el juego de mesa de aquellos topos en donde se levantaba un topo y lo golpeábamos en la cabeza con un martillo, solo para que otro topo se levantara en otro agujero.

La verdadera libertad se consigue únicamente cuando llegamos a la raíz de nuestros problemas y permitimos que Dios sane todas nuestras heridas y golpes.

> Mas él herido fue por nuestras rebeliones, molido por nuestros pecados; el castigo de nuestra paz fue sobre él, y por sus llagas fuimos nosotros curados.
>
> Isaías 53:5 RVR1960

> Dios sanó las heridas de los que habían perdido toda esperanza.
>
> Salmo 147:3 TLA

Estos versículos de la Biblia y otros similares me ayudaron en muchos días difíciles mientras Dios trabajaba en mi vida para ayudarme a superar mi pasado.

La verdadera libertad se consigue cuando permitimos que Dios sane nuestras heridas.

Dios quiere usarlo para sanar a otros, pero si es un sanador lastimado, no resulta muy efectivo. Primero, permita que Dios sane sus heridas y verá que lo siguiente será usar ese conocimiento que ha vivido de primera mano para compartirlo con los demás.

La ira es peligrosa cuando no se trata, por lo que debe estar seguro de que no solamente la ignora con la idea de que si la oculta, nunca será un problema.

Ira de justicia

Solo un tipo de ira es bueno y ese tipo es el de la justicia. Podemos llegar a sentir una ira de justicia hacia el pecado y al mismo tiempo, sentir misericordia por quienes cometen esos pecados. Nosotros debemos odiar lo que Dios odia y Él odia el pecado. Sin embargo, Él ama a los pecadores y obra en ellos para arrepentimiento y restauración.

Jesús expresó una ira de justicia cuando llegó al templo y lanzó las mesas de los cambistas (Mateo 21:12-13). Jesús también se enojó al ver la dureza de corazón de los fariseos (Marcos 3:1-6). En 2 Crónicas 28:25 y 33:6, Dios mostró una ira de justicia cuando se enojó contra la adoración de ídolos y los encantadores. La ira de justicia siempre se maneja de forma adecuada.

Me lleno de ira de justicia cuando sé de niños que son abusados, cuando la gente trata mal a otros, cuando los pueblos están con hambre y sin hogar, y cuando veo que la gente sufre y se enfrenta a dificultades. No obstante, mi solución a la ira es tratar de hacer algo acerca del problema. Enojarse sin hacer algo no funciona, pero esforzarse para encontrar soluciones de paz, sí. Deberíamos sentir una ira de justicia ante todo lo erróneo. La mejor forma de manejar la injusticia es trabajar a favor de la justicia.

Si está enojado, es tiempo de aceptar ese enojo, de pedirle a Dios que lo ayude a llegar a la raíz del problema y tratarlo. En lugar de ser una persona enojada, puede tener paz en su propio corazón y volverse un pacificador en el mundo que lo rodea.

CAPÍTULO 6

En desacuerdo, pero en paz

Quizás no estemos de acuerdo en todo, pero podremos estarlo sin amargarnos.

Christine Gregoire

Por lo general, nos cuesta amar a las personas que no están de acuerdo con nosotros en comparación de amar a quienes sí lo están. Cuando todos a nuestro alrededor están de acuerdo y piensan como pensamos, amarlos resulta muy fácil. Respetar el derecho de todos de expresar su propia opinión es una clave importante para amar a las personas. Cuando tratamos de convencerlos constantemente de que cambien de opinión y que estén de acuerdo con nosotros, todo termina en enojo. Las personas quieren libertad, no quieren control ni manipulación.

> Las personas quieren libertad, no quieren control ni manipulación.

En realidad, Dave y yo hemos aprendido a estar en desacuerdo, pero en paz, durante estos cincuenta y cinco años de matrimonio. Los dos somos personas muy diferentes y hay puntos que para mí son importantes, pero que para él no lo son tanto. De la misma manera, hay algunas cosas que son importantes para él y no lo son para mí. Si tratamos de decorar nuestra casa juntos, simplemente no funciona porque quiero que todo combine y se mezcle, pero Dave quiere que todo resalte. Encontramos un punto de acuerdo cuando nos mudamos a la casa actual y acordamos que me dejaría decorar la casa si yo lo dejaba tener la oficina más grande, la que tenía mejor vista.

En los primeros años de nuestro matrimonio, cuando su perspectiva u opiniones no encajaban con las mías, no podía entender cómo Dave podía pensar de esa manera. Sin embargo, he aprendido que todos vemos desde perspectivas diferentes. Si queremos tener paz en nuestras relaciones, es muy importante que respetemos el derecho de los demás de tener sus propias opiniones. Cuando respetamos ese derecho, no discutimos con ellos por lo que piensan, ni hacemos comentarios que los hagan sentir que tienen algo malo porque sienten o piensan de esa forma. Quizás hablemos acerca de temas o situaciones sobre los que no estamos de acuerdo, pero hablar no es lo mismo que llegar a discutir.

El fundamento de estar en desacuerdo y en paz es el respeto, lo cual se convierte en una de las destrezas más importantes que debemos aprender si queremos relaciones pacíficas. En nuestro mundo actual parece que, muchas personas tratan de forzar a otros a que piensen como ellos piensan, pero eso solo crea una atmósfera de conflicto y alimenta la ira, sino que, incluso, alimenta la violencia. Supongamos que conozco a unas personas que están haciendo algo que sin duda es un pecado de acuerdo con la Palabra de Dios. Aunque estoy de acuerdo con que tienen derecho a elegir cómo viven, eso no es suficiente para ellos. Lo que quieren es que yo piense que lo que hacen es correcto.

> El fundamento de estar en desacuerdo y en paz es el respeto.

Uno de los problemas de la sociedad actual es que muchas personas tienen la idea de que los demás deben perdonar lo que hacen o piensan. La gente quiere tener derecho de tomar sus propias decisiones y elecciones, pero se enojan si usted no está de acuerdo con lo que hacen, e incluso llegan a decir que usted es culpable de un delito de odio solo porque no está de acuerdo con su elección.

No odio a nadie y sí creo que cada persona tiene derecho a elegir con libertad, Dios nos dio ese derecho. También creo que la Biblia es la Palabra de Dios. Es el medio por el que vivo y no voy a estar de acuerdo con que la elección de alguien es la correcta si la Palabra de Dios dice lo contrario. Quiero aclarar esto: estoy de acuerdo con que una persona tiene el derecho de tomar sus propias decisiones, pero no tienen derecho de tratar de obligarme a estar de acuerdo con ellos. En esos casos, podemos estar de acuerdo con que en algún momento no coincidiremos, pero que seguiremos siendo cordiales uno con el otro, sin que esto cause conflicto entre nosotros.

Hay miles de temas en los que la gente no está de acuerdo. Por ejemplo, el tema de la política en los Estados Unidos es un tema controversial. Algunas personas son demócratas acérrimos, mientras que otros llevan lo republicano en la sangre y de ellos, hay una multitud innumerable que discute acerca de cuál es el punto de vista correcto. Prácticamente se agotan a sí mismos tratando de convencer a los demás a que piensen de la misma forma que ellos. La religión es otro tema que a menudo hace que las personas peleen y que incluso destruye amistades. Deberíamos encontrar temas en los que estamos de acuerdo y que sean los temas exclusivos de los que hablamos. Se puede dialogar acerca de todo, siempre y cuando lo hagamos con paz y respeto. Si no podemos, solo deberíamos estar de acuerdo con no discutir. ¿Vale la pena que la política arruine una relación? No lo creo, pues dentro de los partidos políticos encontraremos gente buena y gente mala.

Incluso cuando piensa que está en lo correcto, podría estar equivocado

Dave y yo aprendimos hace años a decir: "Creo que tengo la razón, pero podría equivocarme". Aprender a acercarse a la gente de esta manera, claro que requiere cierta humildad, pero pone un punto final a las discusiones y nos salva muchas relaciones. Estas son ocho palabras poderosas que desarman al espíritu de maldad que trata de crear divisiones entre las personas. La verdad es que muchas veces estamos tan seguros de estar en lo correcto y a pesar de ello, nos equivocamos. Entonces, ¿por qué no aceptamos que esto pudiera pasarnos en lugar de insistir en que tenemos razón?

Recuerdo un incidente en que Dave y yo íbamos en el auto a la casa de un amigo y tratábamos de recordar la ubicación. No teníamos las instrucciones exactas porque ambos *pensamos* que nos acordábamos de cómo llegar al lugar. Dave pensó que deberíamos ir en una dirección y yo pensaba que debíamos tomar otra ruta. Quería dejar en claro mi punto con tanta vehemencia, que siguió mi recomendación.

Le dije: "La casa está calle arriba, precisamente es una calle sin salida". Mientras conducía a esa calle, vi una bicicleta y con orgullo dije que recordaba haber visto la misma bicicleta en una visita previa a la casa de nuestro amigo. Sin embargo, cuando llegamos a lo que pensamos que era el final de la calle, la calle sí tenía salida y claro, la casa de nuestro amigo no estaba ahí.

Estaba segura de que tenía la razón acerca de la ubicación de la casa de este amigo, pero estaba equivocada. ¿Le ha pasado? Seguro que sí, y si le ha pasado es posible que vuelva a pasarle. Entonces, ¿por qué no tomar la calle y anticipadamente decir: "Puede que esté equivocada"?

Se sorprenderá de cuántas peleas pueden evitarse con estas palabras.

El orgullo destruye relaciones

Antes del quebrantamiento es la soberbia, y antes de la caída la altivez de espíritu.

Proverbios 16:18

El orgullo provoca la destrucción de las relaciones y destruye la unidad. Es imposible estar discutiendo una y otra vez sobre quién tiene la razón, esto solo sucede cuando el orgullo tiene un lugar presente. La humildad obra maravillas en las relaciones y lo animo a que se humille ante la mano poderosa de Dios y le pregunte qué puede hacer para mejorar sus relaciones. El orgullo espera que la otra persona se acerque primero, pero la humildad está dispuesta a tomar el primer paso, sin importar quién tuvo la culpa.

> La humildad obra maravillas en las relaciones.

John Ruskin dijo: "Es mejor perder tu orgullo con alguien que amas, que perder a alguien que amas por el inútil orgullo". Andrew Murray dijo: "El orgullo debe morir o nada celestial podrá vivir en ti".

Cuando escribí el capítulo cuatro acerca de las diferentes facetas del amor, me di cuenta de que una de ellas es que el amor no es altivo ni portador de orgullo. El amor es humilde y siempre busca lo que traiga restauración y paz. Cuando peleas con alguien acerca de quién tiene la razón cuando hay diferencia de opiniones, ¿será tan difícil decir: "Podría estar equivocado"? Seguro que no.

Estar en lo correcto no es tan emocionante como podría pensar. El sentimiento de exaltación nos tarda solo unos pocos momentos. Luego, tenemos que enfrentar todo el daño que causó a la relación en nombre de sentir esos pocos minutos de victoria, cuando en realidad, a los ojos de Dios, perdimos.

> Estar en lo correcto no es tan emocionante como podría pensar.

Cuando dos personas no están de acuerdo con una decisión que deben tomar, la que está en autoridad debería ser quien tome esa decisión. En nuestro ministerio, cada departamento tiene un gerente. Cada persona en el departamento puede participar en un diálogo de lo que se hable, pero el gerente es el encargado de tomar la última palabra en esa decisión y los demás deberían respetar su responsabilidad de hacerlo así, sin conflictos ni ofensas.

En nuestra familia, hubo una ocasión en la que Dave quería donar a una organización a la cual yo no quería contribuir. Le di mis razones de por qué me sentía de esa manera, pero él seguía determinado a dar el dinero, por lo que le dije que estaba bien. Al final de cuentas, él es el responsable de proveer a nuestra familia, así que le dejé la decisión. No iba a pelear con él, en especial acerca de dar a otros.

La humildad gana ante los ojos de Dios

Antes de la caída de Satanás y de que se volviera nuestro enemigo, él era un ángel. Sin embargo, se rebeló contra Dios y fue expulsado para vivir en el infierno por la eternidad. ¿Cuál fue su pecado? El orgullo, como le indiqué unas páginas atrás. Él dijo que podría levantar su trono semejante al trono de Dios (Isaías 14:13) y nadie puede hacerlo, ni siquiera un ángel. La humildad espera en Dios, pero el orgullo se mueve en su propio tiempo y trata de obtener por sus propios medios aquello que solo Dios puede dar.

De acuerdo con 1 Pedro 5:6, debemos humillarnos bajo la poderosa mano de Dios para Él nos exalte cuando llegue el momento. Si nos encontramos en una situación que necesite demostrar que estamos en lo correcto, Dios puede arreglarlo con facilidad. Las personas humildes no tienen problema de creer o decir: "Podría estar equivocada", pero las personas orgullosas no piensan que estén equivocadas, ni lo llegan a aceptar.

Jesús fue humilde y Pablo escribe en Filipenses 2:5-8 que nuestra actitud debería ser como la de Jesús. Aunque Él era igual a Dios, no consideró que fuera necesario debatir con quienes lo acusaron de acciones que no cometió. No tenía necesidad de probar quién era. Tomó naturaleza de siervo y esto solo lo puede lograr la persona humilde.

La inseguridad y la necesidad de estar en lo correcto

Tal vez nos esforzamos por tener la razón por nuestra inseguridad y porque tener la razón nos hace sentir mejor sobre nosotros mismos. Cuanto más segura me vuelvo en Cristo, menos necesidad tengo de probar que tengo la razón durante un conflicto. La inseguridad es la raíz de muchos de nuestros problemas. Nos lleva a compararnos con los demás y a competir por saber quién es mejor o quién se ve mejor. Nos causa temor y evita que hagamos muchas cosas que nos gustaría hacer o que sabemos que deberíamos hacer.

Si la gente se siente insegura, por lo general, busca esa seguridad en los lugares equivocados como en su trabajo, en conocer a la persona "correcta", en las posesiones en su nivel de educación o en que otros estén de acuerdo con sus opiniones. Pero, aun así, si tienen todo lo anterior, siguen sintiéndose inseguros porque la seguridad verdadera se puede encontrar únicamente en Cristo Jesús, en nadie más. Pablo nos enseña que "no ponemos nuestra confianza en esfuerzos humanos", sino solo en Cristo (Filipenses 3:3).

Cuando tienen seguridad, tienen menos conflicto con los demás solo por el hecho de que no tienen nada que probar. Jesús nunca debatió con nadie para tratar de probar que Él tenía la razón con algún tema. Durante su tiempo en el desierto, Satanás lo tentó de diferentes formas. Dos de las tentaciones lo empujaban a que probara que era el Hijo de Dios (Lucas 4:3, 9). Las dos tentaciones fracasaron porque Jesús sabía quién era, de dónde venía y a dónde iba.

En realidad, nunca seremos libres hasta que dejemos de sentir la

> *Nunca seremos libres hasta que dejemos de sentir la necesidad de impresionar a otros.*

necesidad de impresionar a otros. Si llegamos a alcanzar ese punto, ahí podremos descansar internamente y vivir sin preocupación de lo que los demás puedan pensar de nosotros. Sabemos que lo que piensan es entre ellos y Dios, y eso no puede lastimarnos. Lo que importa es lo que nosotros pensamos.

Como mucha gente, durante años me sentía insegura, pero cuando recibí el amor incondicional y la aceptación de Dios, en Cristo encontré seguridad. Entre mejor nos sintamos con nosotros mismos, menos necesidad tendremos de debatir por opiniones o de pelear por estar en lo correcto. Y finalmente podremos encontrar una forma de estar en desacuerdo, pero en paz, claro, si la otra persona está dispuesta a hacerlo. Sin importar qué hagamos, algunas personas nunca estarán en paz, pero nosotros podemos ser pacíficos en y mediante Jesús.

Una opinión equivocada no refleja una persona incorrecta

Yo soy más que una opinión, usted también. Podemos equivocarnos con algo que pensamos, pero eso no significa que seamos seres humanos incorrectos. Sin embargo, cuando la identidad de alguien está vinculada con lo bien que les ha ido en la vida, estar en la razón es mucho más importante para ellos de lo que debería ser. Con frecuencia pienso que tengo la razón en algo en lo que Dave se equivoca, solo para darme cuenta después de que yo era la equivocada y él estaba en la razón, pero estar equivocada no cambia quién soy.

La mayoría de nuestra familia tiende a dar su opinión. Tal vez damos nuestras opiniones con más frecuencia de lo que deberíamos, pero somos rápidos para perdonar y nos negamos a albergar disputas. Trabajo en mantener callada mi opinión, a menos que alguien me la pida. Mis pasos hacia la victoria se comparan a los pasos de un bebé, pero no importa cuán lento avance, siempre que avance en mi proceso.

La paz es más valiosa que tener la razón

¡La paz es maravillosa! Ayer disfruté de un día inundado de paz y lo anoté en mi diario. Espero llegar al punto en los que me sienta así cada día, pero sé que no puedo lograr mi meta sin humildad y sin la disposición de soltar la necesidad de tener razón siempre. La paz vale el sacrificio porque sin importar lo que tengamos, si no tenemos paz, todo lo demás es inútil.

Para mí, tener paz es más importante que dar mi opinión o tener la necesidad de pronunciar la última palabra en un desacuerdo. Vale la pena decir: "Puedo estar equivocada" o incluso "Estoy equivocada". Y también vale la pena decir: "Lo siento" o "Por favor, perdóname".

Recuerdo cuán miserable me sentí la última vez que Dave y yo tuvimos una discusión por una diferencia de opiniones. Estaba tan molesta que hasta me sentí mal físicamente por dos días. Incluso después de que nos dijimos: "Te amo", necesité tiempo para que mis emociones se calmaran. Puedo confesarle que la razón por la que tuvimos esa discusión no valía el precio que pagué ni emocional ni físicamente para defender mi opinión. El Señor cedió a su derecho de tener la razón, pero fue algo que olvidé en ese momento, fue el tiempo suficiente para estar en el problema y decir las palabras incorrectas, en el tiempo incorrecto.

Imaginémonos por un momento cómo podría ser nuestro mundo si todos actuaran como lo he escrito en este capítulo, y si en caso fallara, que se disculparan sin demora para volver a estar en paz lo más pronto posible. Tal vez es una meta idealista, pero como ya lo dije antes, si cada uno de nosotros hiciéramos nuestra parte, sería posible, porque todas las cosas son posibles en Dios (Mateo 19:26).

Lo bueno para unos, no es bueno para todos

Solo porque algo es bueno para mí no significa que sea bueno para los demás. A todos nos gusta hacer actividades de diferentes maneras. Algunas personas aman decirnos cómo hacer todo bajo su método y piensan que así se debería hacer. "Creo que" son dos palabras que no deberíamos decir con tanta frecuencia.

> *"Creo que" son dos palabras que no deberíamos decir con tanta frecuencia.*

Esto se ve más real cuando nuestros hijos se vuelven adultos. Cuando crecen, debemos dejar de darles dirección a su vida si queremos tener buena relación con ellos. Esta transición es muy difícil para algunos padres. Su grado de orgullo determina cuánto le importan sus propias vidas, ya sea mucho o poco. Hemos pasado 18 años diciendo a nuestros hijos qué tienen qué hacer y qué no, y de repente debemos dejar de hacerlo, lo que se convierte en un desafío. Podemos ofrecer una opinión si nuestros hijos adultos están abiertos a recibirla, pero nunca deberíamos tratar de forzarlos a que reciban lo que pesamos como mejor para ellos. Lo que fue bueno para nosotros, no siempre será lo mejor para ellos.

Nuestra intención podría ser la de ayudarlos porque no queremos que cometan equivocaciones o que se lastimen, pero queremos que sean libres de crecer e irse de casa, así como lo hicimos nosotros.

Con todo el corazón le insto a que deje que sus hijos adultos tomen sus propias decisiones, a menos que ellos quieran que usted participe y permítales que lidien con las consecuencias de sus decisiones, sean buenas o malas. A menudo, aprendemos más de nuestros errores que de nuestros éxitos, entonces, aunque ellos cometan un error, Dios puede obrar para su bien.

Si necesita soltar el control que quiere ejercer en su hijo adulto, ¿por qué no decide empezar hoy? Esperar solo podría causar más peleas. Puede aprender a estar en desacuerdo, pero en paz y en forma respetuosa. Respete su derecho de tomar sus propias decisiones, incluso si no está de acuerdo con ellos.

Esfuércese por la paz y la unidad en todas sus relaciones y ame a todos, incluso a las personas que son difíciles de amar, ámelas, así como Jesús lo hizo.

CAPÍTULO 7

Cómo evitar los conflictos

Dos ancianos que habían sido enemigos de por vida. Se
encontraron junto a una tumba y lloraron. Y con esas
lágrimas lavaron el recuerdo de su conflicto. Luego llora-
ron de nuevo por la pérdida de todos esos años.

Frederick Tennyson, "The Golden City"
[La ciudad dorada]

Con el paso de los años he comprendido que los conflictos son
riñas, discusiones, desacuerdos acalorados, resentimientos, amargura y un trasfondo de ira. Los conflictos son muy peligrosos,
son como un cáncer que sigue expandiéndose hasta que algo lo
detiene. Muchas personas ni siquiera saben qué es un conflicto
hasta que se los explican, pero mientras tanto, viven en atmósfe-
ras llenas de conflictos y experimentan sus efectos devastadores,
sin estar conscientes de cuál es el origen de su problema.

En un tiempo fui parte de una gran iglesia que iba creciendo
con rapidez. Estaba repleta de personas que tenían un potencial
tremendo, algunos de ellos se decidieron a servir en un ministerio
a tiempo completo. Lo triste fue que esas personas no recibieron
el lanzamiento de esa iglesia porque los conflictos la destruyeron.
El liderazgo empezó a llevar la iglesia en una dirección en la que
muchos miembros de la congregación no estaban de acuerdo y
murmuraban y se quejaban unos con otros. Como lo indica la
definición de conflicto, la iglesia empezó a alimentar un trasfondo

de ira. Esta misma dinámica es la que se da en muchos hogares, negocios e iglesias. Los conflictos llevan a la destrucción que se seguirá esparciendo, a menos que las personas los reconozcan y los detengan. La única forma de detener el conflicto es enfrentar el problema o la gente que lo causa en una forma piadosa y amorosa. El escritor de Hebreos nos aconseja:

> No dejen que nadie se aleje del amor de Dios. Tampoco permitan que nadie cause problemas en el grupo, porque eso les haría daño; ¡sería como una planta amarga que los envenenaría!
>
> Hebreos 12:15 TLA

De acuerdo con la Escritura, si el resentimiento, el odio o la amargura causan conflictos, muchos se verán contaminados y manchados con ello. Lamentablemente, he visto la verdad en esto.

Al principio de nuestro ministerio, hace más de cuarenta años, Dios habló a mi corazón en tres áreas que debíamos trabajar si queríamos recibir bendición:

1. Caminar siempre en integridad, lo que significa siempre hacer lo que decimos que haremos; ser honestos siempre con los fondos que hemos recibido para administrar de parte del Señor y hablar siempre con la verdad.
2. Hacer todo, sin excepción, con excelencia, lo mejor que podamos y siempre dar más de lo que se nos pide.
3. Mantener los conflictos fuera de nuestro matrimonio, familia y ministerio.

Nos hemos esforzado por ser obedientes a Dios en estas tres áreas. También las hemos enseñado a nuestro personal y, sin duda, nuestro ministerio ha recibido bendición. Cuando se permiten los conflictos, estos afectan de forma adversa la unción de Dios (la gracia y el poder) y la unción es algo de lo que no podemos prescindir si queremos disfrutar la presencia y el poder de Dios. El Salmo 133 nos enseña que cuando los hermanos viven juntos y en armonía, eso trae bendición y unción.

Si alguien que trabaja para nosotros provoca conflictos y no busca negociar una resolución pacífica, debemos dejarlo ir porque creo que, si no se puede arreglar, una persona en conflicto puede envenenar a todo un ministerio, iglesia o negocio. Los conflictos también son murmuraciones, críticas y rebelión. Como mencioné al principio de este capítulo, si no enfrentamos los conflictos, estos se siguen esparciendo como una enfermedad peligrosa.

Detenga los conflictos

Cuando los conflictos tocan nuestra puerta, podemos agrandarlos o detenerlos. Los agrandamos cuando los escuchamos, estamos de acuerdo con ellos y tal vez agregamos algo a la historia antes de repetirla. Cuando esta historia sale de nuestra boca, quien lo escucha se lo cuenta a alguien más. Los conflictos son como los incendios forestales, se esparcen con rapidez y destruyen todo lo que se atraviesa en su camino.

> *Cuando los conflictos tocan nuestra puerta, podemos agradarlos o detenerlos.*

Si nunca ha visto este tipo de sucesos, podría pensar que mi valoración es excesiva, pero por experiencia sé que los conflictos tienden a ser peligrosos. En 2 Timoteo 2:24, Pablo escribe que "un siervo del Señor no debe andar peleando". La versión Traducción en lenguaje actual (TLA) dice que una persona que sirve a Dios "no debe andar en peleas. Al contrario, debe ser bueno con todos, saber enseñar, y tener mucha paciencia".

En el versículo anterior nos enseña cómo lograrlo: "No prestes atención a discusiones que no ayudan en nada. Los que así discuten siempre terminan peleando" (2 Timoteo 2:23 TLA).

No hay nada más claro que eso.

Cuando los conflictos llegan, en lugar de aumentarlos, detengámoslos al decirle a la persona que, si tiene una queja contra alguien, deben acercarse directamente a esa persona en privado y hablarle al respecto. En algunos casos, es adecuado decirles que cada acusación debería confirmarse con dos o tres testigos confiables, según lo indica la Palabra de Dios (Deuteronomio 19:15; 2 Corintios 13:1) y que a menos que traigan a sus testigos, no podrá creer esta información negativa.

Hace un par de años una mujer me llamó para contarme algo malo de otra mujer que era una amiga mía muy cercana. Le respondí: "No lo creo". Me dijo quién le había contado, así como otras cosas más. Le dije: "Llamaré a la persona acusada y le preguntaré si es verdad".

La llamé y esto no era cierto para nada, pero sí tenía una buena explicación de cómo empezó este rumor. Detuve el conflicto al llamar a la mujer que me había contado la historia y le informé que no era cierto, así también, le indiqué que debía detener la murmuración porque no era cierto. También le pedí que llamara a la gente a la que se lo había contado y les informara que no era cierto.

> ¿Por qué no podemos luchar unos por otros en lugar de unos contra otros?

¿Por qué no podemos luchar unos *por* otros en lugar de unos contra otros? ¿Por qué somos tan rápidos para esparcir una noticia negativa de alguien y tan lentos para contar algo bueno, si llegamos a decirlo? Esta es estrategia de Satanás porque sabe que estaremos indefensos si nos mantenemos divididos. También sabe que, si nos unimos, lo venceremos.

En este tiempo, los conflictos abundan como nunca y la gente parece deleitarse en difundirlos. Casi todos los portales de noticias y redes sociales se ocupan en difundir malas noticias, lo cual sigue alimentando los conflictos y empeorando las situaciones. Hagamos un compromiso de no hablar las malas noticias que escuchamos, a menos que alguien necesite conocerlas y asegurémonos en repetir la mayor cantidad de buenas noticias a cuanta gente podamos. De esta manera, podemos convertirnos en quienes detienen los conflictos, en lugar de quienes los esparcen.

Todo lo que dejamos de alimentar, deja de vivir

Los conflictos, como todo en la vida, morirán si no se alimenta. Solo puede sobrevivir si la gente lo mantiene con vida al difundir o alimentarlo, es decir, al volver a contarlo a otras personas. Incluso la mala hierba muere cuando deja de alimentarse. Quiero ser enfática al pedirle que se comprometa a no alimentar los conflictos. Trate a otros como quera que lo traten a usted (Mateo 7:12) y camine en el amor como Jesús nos instruyó (Juan 13:34). Recuerde que el amor es el llamado más grande de nuestras vidas. Si lo que hacemos no se hace en amor, entonces no deberíamos hacerlo.

> Los conflictos mueren si no se alimentan.

En Génesis 13, leemos que Abram (quien después fue Abraham) conocía bien este principio. Por esa razón, cuando los conflictos surgieron entre sus pastores y los de Lot, fue a visitar a Lot y le dijo: "Tú y yo no debemos pelearnos, ni tampoco mis pastores y tus pastores, pues somos parientes" (Génesis 13:8 TLA). Los dos habían recibido tanta bendición que no había suficiente pastura para todos los animales, así que los hombres empezaron a pelear por la tierra. Abram acudió a Lot, actitud que muestra humildad, y le dijo que eligiera qué región del valle del Jordán quería, dándole la opción para que eligiera y él tomaría la que quedara (Génesis 13:9). Este fue un gran acto de humildad porque de no haber sido por la generosidad de Abram, Lot no hubiera tenido nada. Por supuesto, Lot eligió la mejor parte del valle del Jordán para él y Abram tomó la tierra menos deseable.

Pero mire lo que sucede después. Dios le dice a Abram:

> "Levanta la vista desde el lugar donde estás, y mira hacia el norte y hacia el sur, hacia el este y hacia el oeste. Yo te daré a ti y a tu descendencia, para siempre, toda la tierra que abarca tu mirada. Multiplicaré tu descendencia como el polvo de la tierra. Si alguien puede contar el polvo de la tierra, también podrá contar tus descendientes".
>
> Génesis 13:14–16

Abram se negó a alimentar el conflicto y este murió. Eligió detenerlo y Dios lo bendijo en formas asombrosas. Lo mismo le puede pasar a usted si usted deja de alimentar los conflictos.

> Abram eligió detener el conflicto y Dios lo bendijo.

Dios quiere bendecirnos, pero para ello debemos llevarnos bien con otros. Pablo nos exhorta a los creyentes a vivir en perfecta armonía, a estar unidos en un mismo pensar y en un mismo propósito (1 Corintios 1:10). También nos insta a evitar los conflictos al mantenernos en unidad con los demás (Efesios 4:1-3).

Satanás odia la unidad tanto, que lucha firmemente en contra de ella. Como este es el caso, tendremos que igualar el esfuerzo en esta lucha para lograr la unidad.

Que todos sean uno

Jesús hizo una oración muy especial en Juan 17. Su oración es que todos pudiéramos llegar a ser uno, así como Él y el Padre eran uno, para poder convencer al mundo y que creyeran que el padre lo había enviado a la tierra:

> No pido solo por ellos, sino también por los que creerán en mí cuando escuchen su mensaje. Te pido que se mantengan unidos entre ellos, y que, así como tú y yo estamos unidos, también ellos se mantengan unidos a nosotros. Así la gente de este mundo creerá que tú me enviaste.
>
> Juan 17:20–21 TLA

Solo imagine cuán diferente sería el mundo hoy si todos fuéramos uno como el Padre, el Hijo y el Espíritu Santo son uno. Este mundo está en serios problemas y una forma en ayudarlo a sanar es que cada uno se comprometa a mantener el conflicto alejado de nuestra vida.

Cuando dos personas se casan, Dios dice que las dos personas se convierten en una sola carne: "El hombre dejará a su padre y a su madre, y se une a su mujer, y los dos se funden en un solo ser" (Génesis 2:24). A pesar de ello, en la actualidad, el índice de divorcios se ha elevado de la misma forma entre cristianos como no cristianos. La gente vive en conflicto y no logra llevarse bien. Gran parte de la razón de este problema es que se enfocan en sus propios puntos de desacuerdo, en lugar de las áreas en las que sí están en armonía.

En algún momento, todos somos difíciles de amar, inclusive usted y yo, pero si logramos pasar esos momentos, podemos llegar a tener relaciones duraderas y que nos llenen de alegría. Nunca encontrará a alguien que durante la relación lo complazca el cien por ciento del tiempo y esto es porque todos somos imperfectos. Para llevarnos bien, debemos ser misericordiosos y perdonadores.

Ser uno no significa que seamos exactamente iguales, que pensemos igual, que tengamos las mismas opiniones y que tengamos los mismos gustos. La unidad se basa en una decisión que hacemos para encontrar los puntos de acuerdo y enfocarnos en ellos en nuestras relaciones. Claro está que esto requiere humildad y empatía. ¿Está dispuesto a tener la unidad y la armonía como objetivos principales en su vida? ¿Se esforzará para vivir en unidad en el nombre de Cristo y para la gloria de su reino?

Pensamientos y conflictos

Nuestros pensamientos nos preparan para actuar; por lo tanto, la forma en la que pensamos de la gente tiene mucho que ver con cómo nos llevamos con ellos. Si no controlamos nuestros pensamientos, estos andarán sin rumbo y nos encaminarán al conflicto. Sin embargo, si pensamos deliberadamente en los buenos puntos de otras personas, nos preparará para manejar con bondad las características que no nos gustan de ellas.

> *La forma en la que pensamos de la gente tiene mucho que ver con cómo nos llevamos con ellos.*

Al mencionar de nuevo *Los cinco lenguajes del amor*, mi esposo no es alguien que obsequie regalos, pero es un hombre que realiza actos de servicio. De mí depende si pienso demasiado en el hecho de que no me compra regalos y cómo me irrito con esa situación. También puedo tomar la decisión de pensar en la bendición que tengo de que él se encargue de lavar los platos después de la cena, de sacar la basura y de hacer casi todo lo que le pido que pudiera considerarse una tarea doméstica. Cada mañana él arregla la cama y llena mi humidificador con agua. Es un hombre que me protege y que busca asegurarse de que yo esté bien. Anoche llevaba un par de platos por las escaleras y me dijo: "Por favor, sujétate del pasamanos; no quiero que te caigas".

Dave no es del tipo de persona que hable de sus pensamientos más profundos, es más bien del tipo de persona privada. Por ejemplo, si se enferma, quizás ni me lo cuente. Si menciona que no se siente bien, también me contará cuando ya se sienta mejor. Me gustaría que me hablara de todo porque así podría compartir con él, pero él no es así; y si quiero disfrutar unidad con él, entonces necesito aceptarlo tal como es. Tal vez no sea una persona que hable demasiado, pero se cuida muy bien. Usa la misma talla de ropa que usaba cuando nos casamos en 1967 y siempre se ve bien. Estas son las cosas que son importantes para mí. Entonces, tal vez no me cuente sus pensamientos más profundos, ¡pero se ve bien!

> Nadie obtiene todo lo que quiere de una persona.

Nadie obtiene todo lo que quiere de una persona, pero sí que recibimos cosas buenas. Por ello, empiece a ver los aspectos que le gustan de cada persona en su vida y encontrará que vivir en armonía y unidad es mucho más fácil.

CAPÍTULO 8

El amor no se ofende fácilmente

Cada día tenemos muchas oportunidades de estar moles-
tos, frustrados y ofendidos. Pero cuando cede ante estas
emociones negativas le entrega el poder de su felicidad a
algo externo. Usted puede elegir no permitir que las peque-
ñeces lo alteren.

Joel Osteen

Pablo escribe que el amor no se enoja por "cualquier cosa" (1 Corintios 13:5 TLA). Y la razón de ello es porque el amor no se enfoca en sí mismo. Cuando estamos demasiado enfocados en cómo nos sentimos, tendemos a encontrar una razón para sentirnos lastimados, ofendidos, molestos, amargados, resentidos y terminamos albergando emociones negativas.

Si pensamos en lo mejor de la gente, en lugar de desconfiar de ellos, será mucho más fácil no sentirse ofendidos. Podemos desperdiciar muchos días de nuestra vida al sentirnos ofendidos y tal vez la persona con la que estamos ofendidos ni siquiera cómo nos sentimos o ni se dé cuenta de que nos ofendió. El amor no se ofende con facilidad.

Por lo general, la gente que se ofende con facilidad son personas inseguras y necesitan crecer espiritualmente. Satanás quiere mantenernos ofendidos. Busca dividirnos, pero Dios quiere amor, paz y unidad. Dios ama a todos y quiere que así seamos también.

El verdadero amor, la clase de amor de Dios, no elige ni escoge a quien amar, solo ama.

Más que nada en mi vida, quiero agradar a Dios y servirle mientras esté en la tierra y mi oración es que usted se sienta de la misma manera. Dios no solo está para servirnos y darnos todo lo que queremos, sino que nosotros existimos para tener comunión con Él, para adorarlo y servirlo.

> *Dios no está solo para servirnos.*

Mientras escudriñamos y estudiamos la Palabra de Dios, es fácil ver que amar unos a los otros es la actitud más importante que Dios quiere de nosotros. Pero si nos permitimos estar ofendidos, nuestra paz deja de existir y el amor se congela.

Hay un porvenir dichoso para quienes buscan la paz (Salmo 37:37). Solo piense en ello: aprender a resistir los conflictos le permite disfrutar su vida, incluso en circunstancias que no son las ideales. Una forma en la que podemos hacerlo es creer lo mejor de la gente y no ofendernos con facilidad.

El señuelo de Satanás

La ofensa es el señuelo de Satanás. La palabra *ofensa* viene de la palabra griega *skandalon*. Esta palabra describe una porción de la trampa en donde cuelga el señuelo que engaña a la presa. Satanás "ronda como león rugiente, buscando a quién devorar" (1 Pedro 5:8), pero no tenemos que ser ni usted ni yo. Si somos sabios y aprendemos a reconocerlo, evitaremos las tácticas del diablo y podremos caminar en amor y vivir en paz.

La ofensa también es un obstáculo o una piedra de tropiezo. La Biblia nos dice en 1 Pedro 2:6-8 que Jesús es la roca en la que muchos tropiezan. Se niegan a creer en Él y a recibirlo, y eso causa que tropiecen en sus vidas espirituales.

En Marcos 4:17 aprendemos que hay personas que, aunque creen en Dios, "no tienen raíz, duran poco tiempo. Cuando surgen problemas o persecución a causa de la palabra, en seguida se apartan de ella". Estos son creyentes débiles, cristianos inmaduros que solo se sienten felices y comprometidos cuando la vida es fácil y cuando reciben todo lo que quieren.

Todos enfrentan problemas, pruebas y tentaciones y no nos deberíamos ofender cuando llegan a nuestra vida. ¿Se siente enojado u ofendido con Dios porque no sucedió lo que quería o porque ha enfrentado dificultades que no puede entender?

La ofensa es una de las herramientas favoritas del diablo en contra del pueblo de Dios. La usa porque sabe que nos mantiene en confusión y nos impide amarnos unos a otros. El diccionario Webster de 1828 tiene una definición de la palabra *ofender*: "disgustar, enojar, agraviar. Su expresión es un tanto menor que enojar y, sin ningún modificador es cercana a disgustar.

> La ofensa es una de las herramientas favoritas del diablo.

Nos ofenden las groserías, la descortesía y el lenguaje áspero. Los niños *ofenden* a sus padres con la desobediencia y los padres *ofenden* a sus hijos al ser demasiado estrictos o por establecer demasiados límites".

No debemos sentirnos ofendidos, ni ofender, por lo que deberíamos esforzarnos para no caer en ninguno. No se deje tentar por el señuelo de Satanás para caer en su trampa. Busque ser sabio y manténgase en amor siempre. Esta es la mejor guerra espiritual que puede dar batalla. Cuando amamos, somos amenazas para el diablo; pero cuando no, él es amenaza para nosotros.

Mateo 24 enumera las señales del fin y una de ellas es que "abundará el pecado por todas partes, y el amor de muchos se enfriará" (v. 12 NTV). No cabe duda de que vivimos en tiempos malos y anárquicos, y creo que cuando nos enfocamos demasiado en los problemas del mundo, nos podemos volver cínicos y desconfiados. En lugar de enfocarnos en amarnos unos a los otros, podríamos ver las imperfecciones de la gente y estaremos a la expectativa de que nos lastimen. Si pasamos nuestro tiempo en tratar de protegernos, no podremos ni alcanzar, ni ser inclusivos con los demás.

Recuerde que a Satanás le encanta la división, el odio, la amargura, el resentimiento, la ofensa y la falta de perdón. Deberíamos evitar estos sentimientos como quien evita las plagas, pues envenenan el alma y aniquilan el amor y la bondad.

> *A Satanás le encanta la división, el odio y el resentimiento.*

El apóstol Pablo hizo la siguiente oración para la iglesia:

> Y esto pido en oración, que vuestro amor abunde aún más y más en ciencia y en todo conocimiento, para que aprobéis lo mejor, a fin de que seáis sinceros e irreprensibles para el día de Cristo.
>
> Filipenses 1:9–10 RVR1960

Vea que Pablo ora para que seamos "irreprensibles". Es importante mantener nuestros corazones irreprensibles, libre de ofensas y de otros sentimientos venenosos porque de nuestros corazones emana la vida (Proverbios 4:23). Trate de anotar con cuántas personas tiene comunicación durante una sola semana, personas que vienen con ira o personas que se sienten ofendidas por algo o por alguien. Conozco a alguien que decidió contar en una semana cuántas veces se podía sentir ofendida y contó cuarenta veces. Debido a que ya había escuchado esta enseñanza sobre evitar los conflictos, pudo evitar morder el señuelo de la ofensa una vez. Para ella fue sorprendente darse cuenta de la frecuencia en que

Satanás trató de robarle la paz y desviarla de enfocarse en el amor a los demás.

Elija la sabiduría sobre la emoción

Todos tenemos una variedad de sentimientos (emociones) y es fácil seguirlos en lugar de hacer lo que sabemos que es correcto. La gente sabia hace lo que es correcto, sin importar lo que sientan. Me gusta decir que los sabios toman decisiones del presente que les dará los frutos que desean del futuro. Hace poco escribí un libro sobre Proverbios llamado *In Search of Wisdom* (En busca de la sabiduría). Al estudiar para poder escribir el libro, me sorprendió la frecuencia en la que Salomón anima al pueblo a caminar en sabiduría para evitar la necedad. He aprendido que cuando elijo hacer lo que es correcto aun cuando se siente mal o cuando duele, crezco espiritualmente. Ser la primera en disculparse o en decir lo siento puede ser difícil, pero es lo correcto, así que tome la decisión de hacerlo y recibirá bendición por su obediencia a Dios.

Aquellos que aman a Dios y aman su palabra se esfuerzan para evitar que algo los ofenda o que los haga tropezar (Salmo 119:165). Conocen el poder de una vida llena de paz y desean amar a todos porque es lo que Dios quiere que hagamos.

Algunas personas solo suponen que amar a todos es imposible, pero si los vemos desde la perspectiva de Dios, nos damos cuenta de que *es* posible con la ayuda de Dios y algunos cambios de actitud por nuestra parte. ¿Qué hay de especial en haber amado a aquellos que nos aman y que son fáciles de amar? Pero, si amamos a quienes son difíciles de amar, mostramos que el poder de Dios es mayor que cualquier obstáculo.

Los sabios obedecen a Dios, están llenos de un temor reverente y asombro hacia Él, que los lleva a obedecerlo, incluso cuando no lo sienten. Cuando alguien nos lastima o nos ofende, pareciera ser injusto e irrazonable que Dios espere que perdonemos a quien lo haya causado y que lo sigamos amando, pero si confiamos en Dios nos damos cuenta de que todos sus caminos son lo mejor para nosotros. Para mí, nada se siente mejor que ser llenos del amor, en lugar de sentimientos enfermizos hacia los demás. No me gusta estar enojada o sentirme ofendida, y en el trascurso de mi vida he aprendido que es un desgaste de energía porque no trae nada bueno.

Ser sabio es obedecer a Dios porque creo que se acerca el día, más pronto de lo que creemos, cuando cada persona tendrá que rendir cuentas de su vida ante Él (Romanos 14:12). No seremos juzgados por nuestra salvación porque no podemos ganarla, pero sí seremos juzgados por lo que hicimos y lo que no hicimos en la vida sobre la tierra, y la recompensa corresponderá a esos actos.

Creo que los cristianos no les prestan suficiente atención a sus acciones. Asisten a la iglesia y se llaman a sí mismos cristianos. Creen en Dios y han recibido a Jesús como su Salvador, pero ¿qué están haciendo? ¿Qué está haciendo usted? ¿Qué estoy haciendo yo? ¿Estamos haciendo lo que Dios desea? Lo que Él quiere principalmente que hagamos es amarnos los unos a los otros.

Jesús nos dio un nuevo mandamiento: que nos amemos los unos a los otros, así como Él nos amó. Por medio de ese amor, dice Él, todos sabrán que somos sus discípulos (Juan 13:34-35).

> Debemos amarnos los unos a los otros como Jesús nos amó.

Si olvidamos todo lo que hemos aprendido y nos enfocamos solo en el amor no pecaremos, pues el amor no perjudica al prójimo (Romanos 13:10).

El trigo y la cizaña

En Mateo 13:24-30, Jesús nos cuenta una parábola:

"Les refirió otra parábola, diciendo: El reino de los cielos
es semejante a un hombre que sembró buena semilla en
su campo; pero mientras dormían los hombres, vino su
enemigo y sembró cizaña entre el trigo, y se fue. Y cuando
salió la hierba y dio fruto, entonces apareció también la
cizaña. Vinieron entonces los siervos del padre de familia
y le dijeron: Señor, ¿no sembraste buena semilla en tu
campo? ¿De dónde, pues, tiene cizaña? Él les dijo: Un
enemigo ha hecho esto. Y los siervos le dijeron: ¿quieres,
pues, que vayamos y la arranquemos? Él les dijo: No, no
sea que, al arrancar la cizaña, arranquéis también con ella
el trigo. Dejad crecer juntamente lo uno y lo otro hasta
la siega; y al tiempo de la siega yo diré a los segadores:
Recoged primero la cizaña, y atadla en manojos para
quemarla; pero recoged el trigo en mi granero".

En esta parábola, el trigo representa a las personas piadosas y
la cizaña representa a los impíos. Nos enseña que Dios permite
que los piadosos y los malvados habiten juntos en la tierra, con la
esperanza de que los piadosos sean obedientes a Dios y tengan una
influencia positiva sobre los malvados. No obstante, los impíos no
cambian, vendrá un tiempo en el que serán recolectados para después separar a los piadosos. Los malvados serán destruidos, pero
los piadosos vivirán con Dios por la eternidad y disfrutarán de las
recompensas de su obediencia.

"Yo, el Hijo del hombre, enviaré a mis ángeles para que saquen
de mi reino a todos los que hacen lo malo y obligan a otros a

hacerlo" (Mateo 13:41 TLA). Ahora es el tiempo para que todos tomemos las decisiones correctas, que elijamos la sabiduría y la obediencia a los mandamientos de Dios, en especial aquellos relacionados con el amor.

La ofensa y el amor congelado

El apóstol Pedro escribe que nuestro amor debiera ser ferviente y profundo. El amor ferviente es intenso, ardiente, apasionado. Cuando el amor es ferviente, cubre la multitud de pecados (1 Pedro 4:8). Observe detenidamente esta porción bíblica:

> Si tu enemigo tiene hambre, dale de comer; y si tiene sed, dale de beber. Así Dios te premiará, y harás que a tu enemigo le arda la cara de vergüenza.
>
> Proverbios 25:21–22 TLA

Solía pensar que la frase "le arda la cara de vergüenza" que menciona Proverbios 25:21-22 representaba algún tipo de castigo para nuestros enemigos porque nos habían tratado mal, pero comprendí que ese ardor representa el amor ferviente. Cuando hacemos que a un enemigo le arda la cara de vergüenza, los convertimos en nuestros amigos. El amor derrite el duro corazón de nuestros enemigos. No permita que su amor se congele, manténgalo ferviente, al rojo vivo.

Vístase de amor

Pablo enseña que, ante todo, los creyentes deben "vestirse de amor" (Colosenses 3:14). ¿Qué significa? ¿Cómo nos "vestimos" de amor? Nos vestimos de amor cuando somos intencionales en amar, en lugar de esperar a que lo sintamos. Nunca me he detenido frente al armario a esperar que la ropa salte de su colgador y se coloque sobre mí. Debo elegir con detenimiento lo que

> *Nos vestimos de amor cuando somos intencionales en amar.*

quiero usar cada día. Si me lo pongo y no me gusta cómo se ve, me cambio hasta que me guste la ropa y crea que me veo bien con lo que llevo.

Todos nos vemos bien en amor, así que es momento de vestirnos de amor y dejarlo puesto. Elimine todas las actitudes que no se ven bien como creyente en Cristo Jesús. Las palabras *vístase en* se usan en algunas porciones de la Biblia y lo que significan es que hagamos algo de forma intencional. Por ejemplo, debemos revestirnos de Cristo (Gálatas 3:27), nos quitamos el ropaje de la vieja naturaleza y nos ponemos el de la nueva naturaleza (Colosenses 3:9-10), y nos ponemos el calzado de la paz, la coraza de justicia, el casco de la salvación y el cinturón de la verdad (Efesios 6:13-17). Estos elementos conforman el uniforme de un soldado de Dios y forman parte de la armadura que nos protege en las batallas espirituales.

Para mí, el amor es como una armadura de luz y donde va el amor, va la luz. Podemos iluminar en la oscuridad actual del mundo al vestirnos en amor y caminar en él. Solo la luz despeja la oscuridad, nada más tiene poder para hacerlo. Creo que podemos tener una influencia positiva en nuestra sociedad actual y ver un cambio para bien, pero necesitará que cada uno de nosotros haga su parte de forma congruente sin rendirnos ante la presión que ejerzan los malos.

Cuando el diablo susurra en su oído algo como "esa persona es muy difícil de amar", recuérdele que es un mentiroso y que todas las cosas son posibles con Dios (Juan 8:44; Mateo 19:26). Nunca olvide que el amor no es un sentimiento, sino una decisión de cómo trataremos a una persona.

El amor no se ofende fácil. En el momento en que sienta que le están ofreciendo sentirse ofendido, diga: "No, gracias". Manténgase en paz y camine en amor, y encontrará una vida que se disfruta.

CAPÍTULO 9

¿Cuál es su opinión?

Trate de estar informado, ¡no solo opine!

Autor desconocido

Una *opinión* se define como "una valoración o juicio que se forma con respecto a algo, no necesariamente con base en un hecho o conocimiento" (lexico.com). Todo mundo tiene opiniones. Algunas personas son lo suficientemente sabias para mantener su opinión para sí mismos, a menos que alguien se las pida; sin embargo, otros se sienten obligados a ofrecer su opinión en cada tema que surge y en cada conversación.

Es interesante ver que una opinión representa lo que alguien piensa y no necesariamente con base en hechos o conocimiento real. Por ello, ¿realmente tiene peso una opinión? En el mundo hay muchas opiniones, así como personas, y creo que darle demasiado valor a aquellas que vienen sin ningún conocimiento es algo imprudente. La opinión de alguien podría estar correcta, pero también podría estar equivocada. Debe tomarla en cuenta junto con otros aportes que recibe, pero sea cuidadoso, no sea que permita que las opiniones de otros dirijan su vida. En ningún momento permita que la opinión de alguien más se vuelva su realidad y no permita que la opinión de alguien más determine su valor y estima.

> No permita que la opinión de alguien más se vuelva su realidad.

"Pienso que..."

¿Con qué frecuencia escuchamos o decimos "pienso que..."? Parece que con bastante frecuencia. ¿Por qué nos interesa tanto decirle a la gente lo que pensamos? ¿Nos hace sentirnos importantes al aparentar que sabemos de algo? ¿Hay orgullo detrás de ese deseo frecuente de dar nuestra opinión?

Vivimos en un mundo lleno de conflictos y muchos de ellos surgen porque las personas proporcionan su opinión y se ofenden si otros no las aceptan o las toman. Estoy totalmente de acuerdo en que todos tienen el derecho de dar sus opiniones, pero ¿el hecho de que tenemos el derecho de opinar también significa que tenemos el derecho de darla? Imagine cuántas discusiones se podrían eliminar si solo mantuviéramos nuestras opiniones para nosotros, y darla solo cuando se nos solicita. Incluso ahí, deberíamos asegurarnos de lo que decimos, si damos nuestra perspectiva con base en algo que se sabe o un hecho, o solo es lo que pensamos.

Pensamos mucho acerca de lo que otros deberían y no deberían hacer, lo que deberían tener y cómo deberían manejar sus vidas, cuando en realidad quizás no estamos haciendo un buen trabajo con nuestras propias vidas. Hace poco, alguien me preguntó qué pensaba que ellos deberían hacer en una situación específica y les dije que no creía estar calificada para contestar esa pregunta. Luego, le sugería a la persona que le preguntara a alguien más, alguien que pensé que estaba mejor preparado que yo. No debería darnos vergüenza al decir "no sé". Es mejor que aparentar que sabemos y dar información falsa que alguien podría seguir y de ahí, causarnos problemas.

Para ponerlo simple, si queremos disfrutar de paz, necesitamos aprender a ocuparnos en nuestros propios asuntos.

Traten de vivir tranquilos, ocúpense de sus propios asuntos y trabajen, como ya antes les hemos ordenado que lo hagan.

1 Tesalonicenses 4:11 TLA

En este versículo vemos que ocuparnos de nuestros propios asuntos y vivir tranquilos van de la mano para tener paz. No tendremos uno sin el otro.

Redes sociales

Aunque las redes sociales no dan la capacidad de comunicarnos con rapidez y son una fuente de información, también se han convertido en una de las formas más peligrosas de comunicación que se usan en la actualidad. Muchas personas las usan como un lugar para escupir su desaprobación hacia la gente y las situaciones. Es un semillero de "opiniones". El problema real es que la mayoría de la gente cree lo que leen sin molestarse a revisar la validez, y son rápidos para difundir a otros lo que han leído.

Las redes sociales son tierra de cultivo para los rumores infundados, y a menudo se usan para destruir la reputación de una persona. Todos pueden decir lo que quieren decir en las redes sociales. Yo he sido objeto de mentiras que se han esparcido por las redes, frases que dije que se sacaron totalmente del contexto y nada se puede hacer, solo confiar en Dios para que Él se encargue de mi reputación. Algunas personas creyeron en las mentiras y dejaron de apoyar el ministerio, pero otros dijeron: "Yo no creo eso"; y siento agradecimiento por ellos.

Una noticia dijo que yo había muerto y ese día entraron muchísimas llamadas al número del ministerio al respecto. Luego, tuve que comunicar en las redes sociales que seguía con vida. Otra persona dijo que yo vendía píldoras para bajar de peso, que no es cierto, y hubo gente que llamaba a las oficinas para comprarlas y se enojaban cuando se les indicaba que no vendíamos pastillas. Otro rumor decía que yo animaba a la gente a que siguieran cierto programa de dieta, lo cual tampoco es cierto en lo más mínimo. Y estos son solo unos cuantos ejemplos de las declaraciones falsas que se han hecho con respecto a mi persona, por lo que le insto enfáticamente a no creer todo lo que lee o escucha sin antes haber verificado con detenimiento con otras fuentes confiables. Siempre asegúrese de que revisa su información antes de creer cualquier cosa, solo porque alguien lo dijo.

> *No crea todo lo que lee o escucha sin antes haber verificado detenidamente con otras fuentes confiables.*

Queridos amigos, no les crean a todos los que afirman hablar de parte del Espíritu. Pónganlos a prueba para averiguar si el espíritu que tienen realmente proviene de Dios, porque hay muchos falsos profetas en el mundo.

1 Juan 4:1 NTV

La Biblia nos enseña a no andar murmurando ni contando historias. Estos son algunos pasajes que debe tomar en cuenta la próxima vez que se vea tentado a murmurar o a difundir rumores.

Además, se acostumbran a estar ociosas y andar de casa en casa. Y no solo se vuelven holgazanas, sino también chismosas y entrometidas, hablando de lo que no deben.

1 Timoteo 5:13

Los que no tienen a Dios destruyen a sus amigos con sus palabras, pero el conocimiento rescatará a los justos.

Proverbios 11:9 NTV

Sin leña se apaga el fuego; sin chismes se acaba el pleito. Con el carbón se hacen brasas, con la leña se prende fuego, y con un pendenciero se inician los pleitos. Los chismes son como ricos bocados: se deslizan hasta las entrañas.

Proverbios 26:20–22

Según este último pasaje, podemos detener la difusión de los rumores con solo dejar de pasarlos. Uno de los aspectos peligrosos de los rumores mal intencionados, es que una vez los comentamos con alguien más, se corrompe la opinión que se tiene de la persona de la que se está hablando, incluso cuando no quiere creerse el comentario. Se profundiza en ellos y los hace dudar un poco.

Por último, un pasaje que debe llamarnos a meditar con profundidad en nuestra conducta:

Estando llenos de toda injusticia, maldad, avaricia y malicia; colmados de envidia, homicidios, pleitos, engaños y malignidad; son chismosos, detractores, aborrecedores de Dios, insolentes, soberbios, jactanciosos, inventores de lo malo, desobedientes a los padres, sin entendimiento, indignos de confianza, sin amor, despiadados; los cuales aunque conocen el decreto de Dios que los que practican tales cosas son dignos de muerte, no solo las hacen, sino que también dan su aprobación a los que las practican.

Romanos 1:29–32 LBLA

Es más serio de lo que pensamos

Muchas veces no pensamos con profundidad cuando hacemos un comentario descuidado acerca de otra persona, pero si tomamos con seriedad el pasaje que acabamos de leer, deja en claro que hablar con frivolidad y cruel acerca de una persona es mucho más serio de lo que pensamos.

Me imagino que es muy común que muchas personas hagan comentarios frívolos acerca de otros. De hecho, sus palabras podrían ser de mucha crítica y dejar en otros la impresión de que no son muy buenos. ¿Qué pasaría si solo habláramos de la gente de la forma en que nos gustaría que hablaran de nosotros? Si lo hiciéramos, muchas de nuestras conversaciones acerca de las personas cambiarían.

Disfrutamos la misericordia que Dios nos da y Él espera que mostremos esa misericordia a los demás. La misericordia siempre es mayor que el juicio ante los ojos de Dios. "La misericordia triunfa sobre el juicio", dice Santiago 2:13 (LBLA). Dios quiere que seamos pacientes y compasivos con los demás, así como es Él.

Todo lo que habite en nuestro corazón y nuestra mente llegará a nuestra boca. Si pensamos en algo por mucho tiempo terminaremos diciéndolo a una persona en algún momento. Esta es la razón por la que digo que amar a los demás, incluso a los que son difíciles de amar, empieza en la mente.

Juzgar a otros

Después de que damos forma a nuestras opiniones viene el juicio. De la misma forma que el temor nos conduce al miedo, las opiniones nos conducen al juicio. Juzgar a los demás con críticas no tiene nada que ver con el amor. Pablo escribe: "Por tanto, no tienes excusa tú, quienquiera que seas, cuando juzgas a los demás, pues al juzgar a otros te condenas a ti mismo, ya que practicas las mismas cosas... ¿Piensas entonces que vas a escapar del juicio de Dios, tú que juzgas a otros y sin embargo haces lo mismo que ellos?" (Romanos 2:1, 3).

El juicio pertenece a Dios y una definición que leí dice que cuando juzgamos a los demás, nos levantamos al nivel de Dios. ¡Ay! Espero que todos tengamos ese temor de reverencia ante Dios para no suponer que haremos algo así.

Podemos juzgar el pecado, pero no podemos juzgar el corazón de una persona. Solo Dios conoce lo suficiente acerca de lo que hace una persona. Cuanto más estudiemos la Palabra de Dios, más pronto reconoceremos el pecado y el comportamiento de maldad y a este punto en nuestro caminar con Dios, debemos ser cuidadosos de no volvernos orgullosos para considerar que podemos ser juzgadores y jurado cuando vemos el pecado de otra persona.

Es muy triste que muchas personas juzgan y luego comparten su opinión con los demás. Al hacerlo, se abren a sí mismos a los ataques del diablo y es porque carecen de amor.

En lugar de permitir que lo que sabemos nos llene de orgullo, deberíamos controlarlo para que nos haga más obedientes.

Debemos estar conscientes cuando formamos un juicio pronto: "Por tanto, no juzguéis antes de tiempo, sino esperad hasta que el Señor venga, el cual sacará a la luz las cosas ocultas en las tinieblas y también pondrá de manifiesto los designios de los corazones; y entonces cada uno recibirá su alabanza de parte de Dios" (1 Corintios 4:5 LBLA).

En Juan 8:1-11 encontramos una historia maravillosa acerca de una mujer que fue sorprendida en adulterio y de la forma en que Jesús enfrentó a sus acusadores. Los escribas y fariseos (los hombres más religiosos de ese tiempo) trajeron a una mujer que había sido sorprendida en adulterio y la colocaron en medio de una multitud. Le dijeron a Jesús: "Maestro, esta mujer ha sido sorprendida en el acto mismo del adulterio. Y en la ley, Moisés nos ordenó apedrear a esta clase de mujeres, ¿tú, pues, qué dices?" (Juan 8:4-5 LBLA). Ellos hicieron todo esto para probar a Jesús, esperaban encontrar algún tipo de ofensa con que pudieran levantar cargos en contra de Él. En ese momento Él estaba enseñando del amor, el perdón y la misericordia, y ellos esperaban ver si Jesús podría quebrantar la ley de Dios. Jesús se inclinó y con el dedo escribió en la tierra (Juan 8:6). ¿Alguna vez se ha preguntado qué escribió en la tierra? Yo me lo he preguntado y creo que se estaba tomando tiempo para escuchar a su padre sobre cómo manejar esta situación tan volátil.

Ellos insistieron con la pregunta, fue cuando se levantó y les dijo: "El que de vosotros esté sin pecado, sea el primero en tirarle una piedra" (Juan 8:7 LBLA). Entonces, volvió a inclinarse y siguió escribiendo en la tierra. Sin embargo, la Biblia nos cuenta que cuando los acusadores escucharon estas palabras de Jesús:

> Pero al oír ellos esto, se fueron retirando uno a uno comenzando por los de mayor edad, y dejaron solo a Jesús y a la mujer que estaba en medio. Enderezándose Jesús, le dijo: Mujer, ¿dónde están ellos? ¿Ninguno te ha condenado? Y Ella respondió: Ninguno, Señor. Entonces Jesús le dijo: Yo tampoco te condeno. Vete; desde ahora no peques más.
>
> Juan 8:9–11 LBLA

Esta historia incluye varias lecciones maravillosas. Una de ellas es que *solo* aquellos que no tienen pecado tienen derecho de juzgar a otros. Es importante tomarnos un tiempo para escuchar a Dios antes de dar respuesta ante una pregunta difícil. Jesús no condenó a la mujer, pero sí le dijo que se fuera y que dejara de pecar.

> *Solo los que no tienen pecado tienen derecho a juzgar a otros.*

La gente juzga por la apariencia, pero Dios ve el corazón (1 Samuel 16:7). Juzgamos sin pensar aquello que no entendemos o con lo que no tenemos experiencia. Juzgamos basado en nuestras opiniones de la carne o en las mentiras que creemos a Satanás. Sin embargo, Dios es misericordioso y ve el corazón de la persona. Sabe lo que le ha sucedido a cada persona, aquello que los ha formado en lo que son. Llama pecado a lo que es y nos pide que no pequemos, pero no trata de hacerlos sentir culpables, ni de condenarlos cuando pecan.

Usemos nuestra imaginación y pensemos en algunas situaciones que podrían encajar en este tema. Podríamos ver un objeto que está en posesión de algo y "juzgar" que esa persona no debería haber gastado tanto dinero en ese objeto porque consideramos que fue un desperdicio. Pero ese objeto fue el regalo de alguien, tal vez lo recibieron como parte de una herencia, si ese fue el caso, estaríamos juzgando por algo que desconocemos por completo.

Tal vez vemos que alguien va de compras y hace una compra muy costosa; sabemos que esa persona está en alguna dificultad financiera. Juzgamos y pensamos que no debió haber comprado eso, cuando en realidad tal vez está comprando para alguien más; tal vez es un segundo empleo que han tomado para salir de sus deudas. No debemos suponer que sabemos lo que en realidad no sabemos.

Necesitamos discernimiento, no opiniones que no se basan en la verdad. Amamos el siguiente pasaje cuando es para nosotros, pero ¿estamos dispuestos a usarlo con otras personas? "Pero el Señor dijo a Samuel: No mires a su apariencia, ni a lo alto de su estatura, porque lo he desechado; pues Dios ve no como el hombre ve, pues el hombre mira la apariencia exterior, pero el Señor mira el corazón" (1 Samuel 16:7 LBLA).

David, un hombre conforme al corazón de Dios

La Biblia nos cuenta que David era un hombre conforme al corazón de Dios (1 Samuel 13:14). ¿Cómo la palabra podría decir algo así si David cometió adulterio con Betsabé y mandó a matar a su esposo para cubrir el embarazo de Betsabé, hijo de David? Seguro que muchos de nosotros hubiéramos juzgado y condenado sus actos, y hubiéramos dicho que no debía ser más el rey. Si hubieran existido las redes sociales en esos días, me imagino lo rápido que se habrían difundido los rumores.

Dios fue misericordioso con David porque conocía su corazón. Hay una gran diferencia entre maldad y debilidad. David no era malvado, pero sí era débil humanamente.

David se arrepintió profundamente de su pecado (Salmo 51), aunque sí vivió las consecuencias de sus actos. Su hijo con Betsabé murió (2 Samuel 12:18). El profeta Natán habló con David y le dijo que la espada nunca se apartaría de su casa (2 Samuel 12:10-11); podemos ver la confirmación de esto mediante la historia de la vida y la familia de David. Incluso así, David permaneció como rey. Dios amó en gran medida a David, era el hombre conforme a su corazón (1 Samuel 13:14; Hechos 13:22).

> Hay una gran diferencia entre maldad y debilidad.

Si hemos de juzgar, debemos hacerlo con justicia y equidad, no solo a primera vista, de forma superficial o por las apariencias (Juan 7:24 LBLA). Juzgamos según las acciones de las personas, pero no podemos ver a la persona de forma interna del corazón y ama la belleza de un espíritu apacible y tranquilo (1 Pedro 3:4). Dios quiere que nos preocupemos más por lo que está en nuestro corazón que lo que se ven en nuestra apariencia (1 Samuel 16:7). La Biblia nos dice que alabemos a Dios con todo el corazón (Salmo 9:1), con un corazón dispuesto (2 Crónicas 29:31), con un corazón limpio (Mateo 5:8), con un corazón contrito (Salmo 51:17), con un corazón nuevo (Ezequiel 36:26), con un corazón sincero (Salmo 51:10; Hebreos 10:22), con un corazón arrepentido (1 Reyes 8:47–48) y con un corazón compasivo (Marcos 6:34; Colosenses 3:12). Todo lo que puedo decir es: "¡Dios, ayúdame porque no puedo hacerlo sin ti!". En nuestras fuerzas humanas parece muy difícil, pero nuevamente, para Dios todo es posible (Mateo 19:26).

La cosecha del juicio

Todas las semillas que se plantan llevan a tener su tiempo de cosecha. Si plantamos cizaña, cosecharemos cizaña. Si plantamos flores hermosas, cosecharemos flores. Todas nuestras palabras, pensamientos y acciones son semillas que plantamos. Gálatas 6:7-9 dice que todo lo que el hombre siembra, eso cosecha. Por ejemplo, si somos misericordiosos, recibiremos misericordia (Mateo 5:7), pero si juzgamos a otros, seremos juzgados (Mateo 7:1-2).

Si sembramos conforme a la cosecha que deseamos segar, el mundo sería un mejor lugar. Tome la decisión y pida a Dios su ayuda para que deje de juzgar a los demás. Ore por ellos y deje la situación en las manos de Dios.

CAPÍTULO 10

¿Está enojado consigo mismo?

Amados, si nuestro corazón no nos condena, confianza
tenemos delante de Dios.

1 Juan 3:21 LBLA

Creo que una de las razones más importantes para que las personas se sientan molestas es que llevan una conciencia de culpa. Están molestas consigo mismas y expresan ira contra otras personas. En la actualidad, algunas personas parecen calderas descompuestas, listas para explotar en cualquier momento. Si trabaja en servicio al público, tal vez como un empleado público o en una tienda por departamentos, estoy segura de que ha tenido muchas oportunidades de ver cuán molesta puede estar la gente por situaciones insignificantes que no encajan con el tamaño de la ira que demuestran.

Incluso gente que no conoce nada de la Biblia ni tiene capacitación cristiana conoce en lo profundo cuando viven en pecado. Se sienten culpables, malhumorados e infelices, pero quizás no estén enfrentando la razón para esa negatividad que sienten. Dios nos creó para santidad, no para pecado, y si nuestras vidas se llenan de pecado, no podemos ser felices.

Las personas que viven en pecado buscan a otras personas o buscan cosas que puedan hacerlos felices, y cuando no sucede, sienten ira y la demuestran. No tienen ni paz, ni gozo. Siempre acudo al ejemplo de mi padre de lo que la vida pecaminosa hace en una persona. Con frecuencia hacía comentarios como "soy tan bueno como cualquier otro" y sonaba como si se estuviera defendiendo, cuando no había nadie acusándolo de nada. Se sentía mal porque en lo profundo sabía que su comportamiento era despreciable. Era un hombre violento, malvado, irascible. Encontraba culpa con todos, menos en él.

Cuando al final entregó su vida a Jesús, fue un hombre diferente. Era un hombre dulce y gentil, dejo de usar lenguaje insolente y de criticar a los demás.

La Palabra de Dios nos enseña que no debemos hacer cosas que vayan en contra de nuestra conciencia, aquellas que creemos que son incorrectas y que no tienen la aprobación de Dios (Hebreos 10:22; 13:18). Muchos cristianos desaprovechan la vida por la que Jesús murió, incluso después de haberlo recibido como su Salvador; el problema es que todavía no lo han hecho su Señor. Siguen creyendo y actuando de forma incorrecta con total conocimiento, y créame cuando digo que no hay nada pero que tener una conciencia de culpa. Se mantiene pegada todo el tiempo, le impide tener un buen descanso en la noche y estará ahí desde el primer minuto en el que se despierta en la mañana.

La evasión

Aquellos que tienen una conciencia de culpa suelen evadir sus sentimientos al encontrar las faltas de otros. Mientras piensen que alguien más está haciendo algo incorrecto, real o imaginario, eso los desvía de tener que lidiar con sus propias actitudes y acciones.

Otro nombre para este tipo de comportamiento es la elusión de responsabilidad. En lugar de tomar responsabilidad por nuestra propia

Aquellos con una conciencia de culpa suelen evadir sus sentimientos al encontrar las faltas de otros.

conducta y hacer lo necesario para enderezarla, cambiamos a culpar a alguien más. Por años usé el abuso sexual en mi niñez como una excusa para todo lo que hacía mal, en especial cuando me irritaba o molestaba. Excusaba mi comportamiento y lo cambiaba para culpar a alguien o algo más. Creo que todos hacemos eso en cierto grado. Supongamos que un hombre le dice a su esposa: "A donde quiera que vayas, siempre llegas tarde". Pero, en lugar de responder: "Tienes razón, necesito cambiar", revierte la culpa y la evade al decir: "Claro, si me ayudaras en la casa cuando nos preparamos para salir, no llegaría tarde".

Esto mismo fue lo que hice con Dave durante años. Ya me sentía muy mal conmigo que, si él trataba de corregirme en algo, lo desviaba al encontrar alguna culpa en él. Cuando está en una relación con alguien que es difícil de amar porque esa persona se mantiene molesta, debería recordar que esta ira tal vez venga de cómo se siente consigo misma. Darse cuenta le ayudará a saber cómo orar con más precisión. Es más fácil tratar con situaciones difíciles, si entiende qué sucede.

¿Es Jesús su Salvador y Señor?

Recibir a Jesús como nuestro Salvador es un beneficio, hacerlo Señor de nuestra vida es algo que nosotros hacemos para él. Cuando Él es Señor de nuestra vida, lo obedecemos porque lo amamos y agradecemos todo lo que ha hecho por nosotros. Esta es la manera en la que podemos decir: "Gracias porque has perdonado mi pecado y has prometido estar conmigo siempre".

Tener esa relación con Jesús como Señor también es un beneficio más porque cuando lo obedecemos dejamos de tener una conciencia de culpa. Además, obedecer a Dios abre la puerta a muchas bendiciones en la vida. Señor es la palabra que usamos para él con más frecuencia, pero es más que un nombre, significa que hemos entregado por completo nuestra vida a Él y queremos su voluntad, más que la nuestra. No significa que no cometamos equivocaciones, pero ahora el deseo de nuestro corazón es hacer la voluntad de Dios en todo y recibir su corrección con gozo cuando es necesaria. Efesios 5:15 nos enseña a ser cuidadosos en la forma en la que vivimos y aquellos que han hecho a Jesús su Señor, seguirán ese consejo.

Hace poco estuve unos treinta minutos con alguien que está atravesando un divorcio y algunos problemas de salud. Durante el tiempo que compartimos, por lo menos en cuatro ocasiones dijo: "Sé que debería" o "sé que no debería" para luego terminar diciendo que no lo estaba haciendo. Saber hacer lo bueno y no hacerlo es pecado (Santiago 4:17). La mejor acción que podría tomar este hombre era la de arrepentirse por la desobediencia de su pasado y tomar decisiones de calidad para empezar a seguir la guía del Espíritu Santo y a obedecer lo que Dios le indique hacer.

No creo que sea erróneo decir que la mayoría de las personas se sienten culpables por algo. Saben que deberían o no deberían hacer algo que están haciendo, pero no actúan basándose en esa verdad. La fórmula para vivir sin culpa es empezar a hacer lo correcto, o al menos aceptar que se está cometiendo un pecado, arrepentirse, pedir el perdón de Dios y recibirlo. El arrepentimiento no es solo decir: "Lo

> Lo fórmula para vivir sin culpa es empezar a hacer lo correcto.

siento, he pecado", sino cambiar la manera de pensar y las acciones. Significa que demos la espalda a nuestra propia forma de actuar y actuar conforme a la manera de Dios.

Hacer lo correcto es mucho mejor que pasar toda la vida pidiendo perdón y tratando de superar la culpa enlazada al pecado. Cuando Dios perdona nuestro pecado también elimina la culpa, pero lo que se nos dificulta es liberarnos del pecado. Por muchos años tuve una lucha con la culpa, incluso cuando creía verdaderamente que Dios me había perdonado. Muchas personas usan la culpa como medio de autocastigo, incluso aunque Jesús tomó su lugar en el castigo, pues sufrió y murió por su pecado (Hebreos 9:14; 10:17-18; 1 Pedro 2:24). Ese era mi caso, aunque no me daba cuenta de ello. Gracias a Dios, ahora soy libre de ese tormento. Ahora cuando peco, soy capaz de recibir el perdón por esos pecados y ser libre de la culpa.

Cuando Jesús es el Señor de nuestra vida, vivimos para Él. Es nuestra vida y "en Él vivimos, nos movemos y existimos" (Hechos 17:28). Se convierte en nuestro todo y sabemos que no somos nada sin Él. Pablo dijo: "He sido crucificado con Cristo, y ya no vivo yo, sino que Cristo vive en mí. Lo que ahora vivo en el cuerpo, lo vivo por la fe en el Hijo de Dios, quien me amó y dio su vida por mí" (Gálatas 2:20).

No ofenda al Espíritu Santo

El Espíritu Santo vive en nosotros como hijos de Dios. Muchas veces se le representa como una paloma porque indica dulzura. Cuando Juan bautizó a Jesús, el Espíritu Santo descendió sobre Él en forma de paloma (Mateo 3:16). En Juan 14:26 (LBLA) leemos que el Espíritu Santo es nuestro "Consolador" (lo que también indica que es nuestro consejero, ayudador, intercesor, abogado, fortalecedor y respaldo). Él es nuestro maestro y nuestro guía y quien nos convence de pecado, de justicia y juicio (Juan 16:8). Dada su gentileza, no comparte la confusión y este mundo está más que turbulento.

Se nos ha dicho que no agraviemos al Espíritu Santo y de acuerdo con la versión clásica de la *Amplified Bible*, esto significa no "ofender, irritar o entristecerlo" (Efesios 4:30). Quizás algunas de las ocasiones en las que nos sentimos tristes se debe a que hemos entristecido al Espíritu Santo y, dado que vive en nosotros, sentimos lo que Él siente. Efesios 4:30 continúa diciendo que fuimos "sellados" por el Espíritu Santo "para el día de la redención". Significa que deberíamos vivir con cuidado, con el deseo de agradar a Dios en todo momento.

> Deberíamos vivir con cuidado, con el deseo de agradar a Dios en todo momento.

La gente puede entristecer al Espíritu Santo con un "lenguaje grosero ni ofensivo", y con maldad, destrucción y palabras innecesarias (Efesios 4:29). Cuando pensamos en las conversaciones de queja, murmuración, crítica y palabras repulsivas que se dan en el mundo hoy en día, no es difícil entender por qué se aflige el Espíritu Santo. No somos responsables de lo que hagan los demás, pero cada uno de nosotros puede, y debería, hacer su parte para que las conversaciones que tengamos estén llenas de vida.

Otra situación que aflige al Espíritu Santo es la amargura, la ira, el enojo, el mal humor, el resentimiento, la furia, las peleas, las contenciones, las calumnias y la malicia, las cuales se describen como "rencores, mala voluntad o bajezas de cualquier tipo", según Efesios 4:31 en la versión de la *Amplified Bible* (traducción). Lo que agrada a Dios es que caminemos en amor. "Más bien, sean bondadosos y compasivos unos con otros, y perdónense mutuamente, así como Dios los perdonó a ustedes en Cristo" (Efesios 4:32 LBLA). Estos pasajes son obvios cuando nos indican que dar malos tratos a otras personas por quienes Cristo murió es una ofensa hacia el Espíritu Santo. Pensar en afligir al Espíritu Santo me llena de aflicción. Sé que lo he hecho tantas veces y lamento cada una de ellas. Ahora imagínese cómo se siente Él, tomemos en cuenta la situación del mundo actual. El mundo está tan lleno de odio, ira, amargura, falta de perdón, confusión, que seguramente está sumamente afligido.

Como recordatorio, mi propósito al escribir este libro es ayudarnos a amar a todos, incluso a quienes son difíciles de amar, porque Dios es amor y quiere que trabajemos con Él para que "no te dejes vencer por el mal; al contrario, vence el mal con el bien" (Romanos 12:21). Debemos establecer un ejemplo para el mundo porque algunas personas en verdad son como ovejas perdidas sin pastor. Como hemos visto, el amor es mucho más que una palabra y por eso lo animo a que siga estudiando con intensidad y profundidad el amor hasta que llegue hasta el punto de conocerlo y aprender a que sea su objetivo primordial en la vida.

> *Vestirse de amor es la herramienta más efectiva para vencer a Satanás.*

La iglesia sufre una derrota intolerable ante el enemigo porque entre sus miembros hay falta de amor. Vestirse de amor es la herramienta más efectiva para vencer a Satanás.

Conciencia y confianza

Una conciencia de culpa es un gran problema por muchas razones, una de ellas es que no deja fluir la audacia y la confianza. Nos obstaculiza la oración. Cuando oramos, debemos orar con audacia y con confianza. Jesús comprende la naturaleza humana porque vivió en la tierra en un cuerpo de carne y fue tentado igual que nosotros. A pesar de ello, Jesús nunca pecó y ahora está dispuesto a perdonarnos. Sin embargo, si tratamos de orar con una conciencia de culpa, nuestras oraciones no serán eficaces.

Porque no tenemos un sumo sacerdote incapaz de compadecerse de nuestras debilidades, sino uno que ha sido tentado en todo de la misma manera que nosotros, aunque sin pecado. Así que acerquémonos confiadamente al trono de la gracia para recibir misericordia y hallar la gracia que nos ayude en el momento que más la necesitemos.

Hebreos 4:15–16

Dios quiere que vengamos ante su trono con confianza, que oremos de forma que esperemos recibir por lo que estamos pidiendo. Pero eso no lo podemos hacer sin una conciencia de culpa.

Si en su corazón hay algún pecado oculto, es sumamente necesario que acuda ante Dios y le exponga todo, que reciba perdón y rechace la culpa y la condenación que tratan de atarlo. Dios ya sabe todo lo que ha hecho, por lo que la confesión de pecados es para nosotros, no para Dios. Nos sentimos mejor cuando nos libramos de la carga de nuestro pecado.

El rey David es un ejemplo excelente de lo que sucede cuando tratamos de ignorar nuestro pecado. David había cometido adulterio con Betsabé y cuando descubrieron que estaba embarazada, hizo que el esposo, Urías, muriera en batalla. David tenía una relación cercana con Dios, pero en un momento de debilidad, hizo algo terrible. Un año pasó antes de que finalmente confesara su pecado y recibiera perdón. En el Salmo 32 indica con claridad cuán miserable puede sentirse una persona cuando trata de ocultar su pecado.

> *La confesión de pecados es para nosotros, no para Dios.*

Mientras guardé silencio, mis huesos se fueron consumiendo por mi gemir de todo el día. Mi fuerza se fue debilitando como al calor del verano, porque día y noche tu mano pesaba sobre mí. Pero te confesé mi pecado y no te oculté mi maldad. Me dije: "Voy a confesar mis transgresiones al Señor", y tú perdonaste mi maldad y mi pecado.

Salmo 32:3–5

Mantenga una conciencia limpia

Es muy importante mantener una conciencia limpia; queremos estar seguros de que nuestras acciones no sean incorrectas para nuestra conciencia. Pablo dijo: "Mi conciencia me lo confirma en el Espíritu Santo", lo que indica que da testimonio con él (Romanos 9:1). Su conciencia es congruente con sus acciones. La conciencia es una función valiosa de nuestro espíritu. Condena lo que está mal y da aprobación a lo bueno. Siempre deberíamos trabajar con el Espíritu Santo para tener una conciencia limpia. Si al hablar con Dave le digo algo irrespetuoso, en ese momento, el Espíritu Santo me redarguye y no me podré quitar esa sensación, sino hasta que me disculpe con Dios y con Dave. En el momento en que pido perdón, la culpa se va. El Espíritu Santo nos ha sido dado para ayudarnos a conocer cuando nuestras acciones son pecaminosas y deberíamos estar agradecidos por su ministerio en nuestra vida.

> No haga algo que indique su conciencia que está mal.

También existe algo que se puede llamar culpa falsa, algo que padecí por muchos años. Me sentía culpable por acciones que la Palabra de Dios no desaprobaba, pero como mi conciencia era débil, Satanás se aprovechaba cuando hacía esas acciones. Incluso si disfrutaba de la vida, me sentía culpable por ello. Tuve que aprender de la palabra y del carácter de Dios antes de poder diferenciar la culpa verdadera de las malas acciones y cuando Satanás me lanzaba una culpa falsa solo para evitar que yo disfrutara la vida.

Mi deseo es que siempre corrobore todo con la Palabra de Dios para saber lo que dice en verdad. Pablo nos enseña que "todo lo que no se hace por convicción es pecado" (Romanos 14:23). Nuestra conciencia debe aprobar nuestras acciones. Quizás condene algunas acciones que hemos hecho y podemos justificar nuestras acciones con excusas para aliviar la presión que sentimos de nuestra conciencia,

> Ore constante para que el Espíritu Santo lo guíe.

pero la Palabra de Dios afirma que cuando hacemos algo así, nos estamos engañando a nosotros mismos (Santiago 1:22). Oremos constantemente para que el Espíritu Santo nos guíe en toda verdad para que no nos engañen.

Pablo nos muestra la importancia de tener una conciencia limpia cuando escribe que guarda disciplina y práctica para "conservar siempre limpia mi conciencia delante de Dios y de los hombres" (Hechos 24:16). No podemos, ni podremos, mantener una conciencia pura, a menos que tratemos con el pecado y que nuestra respuesta sea "no" a todo lo que conocemos como incorrecto.

Si no puede hacerlo en fe, no lo haga

A todos nos gustaría hacer algunas acciones que cuando se llega el momento, tenemos dudas o una conciencia intranquila. Por ello, no deberíamos hacerlas.

Me encantan las películas. Cuando una película empieza muy sana, pero luego incluye escenas indecentes o un lenguaje escandaloso, apagarla puede ser difícil para mí. Sé que no necesito seguir viéndola, pero quiero terminarla para saber cómo termina la historia. No obstante, he aprendido que ver una película con

> Nuestro lugar no es juzgar, sino amar.

una conciencia de culpa no vale la pena a la larga. Conozco mucha gente que no se sienten culpables cuando ven películas por las que yo sí me siento culpable cuando las veo, y me pregunto por qué será. Sin embargo, Dios me ha enseñado que cada uno es responsable de ser obediente ante Él, sin importar lo que los demás hagan. Nuestro lugar no es juzgar, sino amar.

Daniel es un buen ejemplo de un hombre que siguió su conciencia sin importar lo que tenía que hacer, o a lo que tenía que rendirse. Cuando lo llevaron a la corte del rey y le ordenaron que comiera la comida y del vino que se servía en la mesa real, sintió que se contaminaría porque había hecho votos ante Dios y no podía comer algunos alimentos. Aunque sabía que hacer algo así podría ser peligroso para él, fue con el jefe de oficiales y le pidió que no lo obligara a comer esos alimentos, sino los que consideraba correctos para él. Dios le dio su favor y recibió permiso para seguir con el proceder de su corazón (Daniel 1:3-20).

José es otro ejemplo de alguien que rechazó ponerse en riesgo cuando sintió la presión. Cuando la esposa de Potifar quería acostarse con él, se guardó en integridad por el bien de su conciencia, incluso aunque sabía que rechazarla pudiera significar la cárcel. José siempre hizo lo que sintió que podía hacer en fe y gracias a ello, Dios le dio su favor a donde quiera que fuera. Lo enviaron a prisión por haber tomado una elección piadosa contra la esposa de Potifar, pero ahí terminó con oportunidad de llegar al palacio y hacerse cargo de todos los alimentos durante la hambruna. Nadie tenía más autoridad en Egipto que José, excepto el faraón (Génesis 39-41).

Una forma en la que podemos decir si estamos haciendo lo correcto es si sentimos la necesidad de ocultarlo. Si tenemos una vida piadosa podemos actuar a la luz del día y sin necesidad de escondernos.

Trate con dureza el pecado

Si queremos mantener una conciencia limpia, no podemos ser suaves con el pecado. Jesús dijo que, si nuestra mano, pie u ojo nos hacen pecar, mejor los cortamos y los lanzamos lejos, pues más nos vale eso que ser arrojados al infierno (Mateo 18:8–9).

> *No podemos ser suaves con el pecado.*

> Si tu mano o tu pie te hace pecar, córtatelo y arrójalo. Más te vale entrar en la vida manco o cojo que ser arrojado al fuego eterno con tus dos manos y tus dos pies. Y, si tu ojo te hace pecar, sácatelo y arrójalo. Más te vale entrar tuerto en la vida que con dos ojos ser arrojado al fuego del infierno.
>
> Mateo 18:8–9

Cuando pecamos, es importante llamar al pecado por su nombre y no tratar de ocultarlo con otras etiquetas como "mi problema", "mi debilidad" o "mi error". El pecado es pecado, por lo que debe llamársele como tal y enfrentarlo con valentía. El escritor de Hebreos dice "despojémonos del lastre que nos estorba, en especial del pecado que nos asedia, y corramos con perseverancia la carrera que tenemos por delante" (Hebreos 12:1). Estas son palabras fuertes que nos enseñan a tratar con dureza el pecado.

Mateo escribió que el reino de Dios "sufre violencia, y los violentos lo conquistan por la fuerza" (Mateo 11:12 LBLA). Necesitamos ser enérgicos y, en ocasiones, incluso hasta violentos con el pecado. He vivido con una conciencia de culpa y he vivido con una conciencia limpia, por lo que puedo testificar que vivir con una conciencia limpia es muchísimo mejor. Vale la pena a todo lo que tenemos que dejar de hacer para tener una conciencia limpia. No hay nada mejor que tener paz en nuestros corazones.

Creo que muchas personas viven con la pesada carga de la culpa, la cual los hace vivir con enojo hacia los demás. Dios no nos creó para sentirnos mal con nosotros mismos, y cuando eso pasa, no logramos tener un efecto positivo. Trabaje con el Espíritu Santo para mantener su conciencia limpia y verá que es mucho más fácil amar a las personas.

> No hay nada mejor que tener paz en nuestros corazones.

Recuerde, si no se ama usted mismo, será imposible amar a los demás.

CAPÍTULO 11

Libérese

Perdonar es como liberar un prisionero y descubrir que ese prisionero era usted.

Lewis B. Smedes, *Olvidar y perdonar: la sanidad de las heridas que no merecemos*

No hay esperanza de amar a las personas que son difíciles de amar, de hecho, no tenemos esperanza de amar a nadie, a menos que estemos dispuestos a perdonar y soltar las ofensas. Nadie en esta tierra ha tenido una relación sin haber defraudado, lastimado u ofendido a otro. Si usted busca una relación sin estos puntos, estará buscando toda su vida y no la encontrará. La respuesta es simple, los humanos no son perfectos. Si lo fueran, no necesitaríamos a Jesús. Nos perdona incontable número de veces, tal vez todos los días, y deberíamos agradecer lo que hace por nosotros para que así actuemos con otras personas. Resulta

> Es imposible amar a las personas a menos que seamos generosos con el perdón.

interesante ver lo que queremos y esperamos que Dios haga por nosotros, pero que no estamos dispuestos a hacer por los demás.

En realidad, cuando perdonamos a otros es un favor que nos hacemos a nosotros, no a la otra persona. Entonces, hágase un favor y perdone. Olvide las ofensas y el dolor que las acompañó y deje de llevar esas cargas pesadas de falta de perdón que lo hacen miserable. La Biblia incluye muchas instrucciones para perdonar a la gente que nos ha lastimado. Aun así, creo que Satanás sigue ganando más terreno en la vida de muchos cristianos por la falta de perdón que por otros medios. Podemos escuchar sermones, leer la Biblia y creer de todo corazón que *deberíamos* perdonar, aun así, no lo hacemos. ¿Por qué? Porque creemos que no es justo, no sabemos cómo hacerlo o porque no entendemos que el perdón es un proceso cuya base no son los sentimientos. Ya los abordaré después en este capítulo.

Primero, déjeme establecer que es imposible amar a las personas a menos que estemos dispuestos a ser generosos con el perdón. Dios nos ama y perdona nuestros pecados. Los perdona por completo y nunca más los vuelve a mencionar.

> El Señor tu Dios está en medio de ti, guerrero victorioso;
> se gozará en ti con alegría, en su amor guardará silencio,
> se regocijará por ti con cantos de júbilo.
>
> Sofonías 3:17 LBLA

Como seres humanos, incluso si creemos que hemos perdonado una ofensa, nos cuesta no volver a mencionarlo de nuevo. Sin embargo, de acuerdo con 1 Corintios 13:5, el amor "no toma en cuenta el mal recibido" (LBLA). Significa que el amor no pone atención o no lleva un registro de cuántas ofensas ha cometido una persona.

En algún tiempo fui una excelente contadora de las ofensas. Podía recordar y recordarle a Dave todo lo que me había hecho enojar años atrás. Después, cuando discutíamos, no solo hablaba acerca de lo que había hecho que todavía me enojaba, sino que también solía sacar a relucir situaciones del pasado. Recuerdo que una vez me preguntó: "¿Dónde almacenas todos esos recuerdos?". Podía recordar con facilidad las ofensas pasadas porque no las había perdonado en su totalidad.

El amor real perdona las heridas, no las recuerda. Podía recordar si quería, pero el amor se da cuenta de que llevar esos recuerdos indeseables es una pérdida de tiempo y de energía.

La oración del Padre Nuestro nos enseña: "Perdónanos nuestras deudas, como también nosotros hemos perdonado a nuestros deudores" (Mateo 6:12). Tengo serias dudas con si en verdad quiero que Dios me perdone como nosotros perdonamos a otros, porque no siempre somos muy buenos para extender perdón a quienes nos han lastimado. Pero si no perdonamos los pecados de otros, el padre tampoco nos perdonará (Mateo 6:15).

Me pregunto cuántas personas se pierden la oportunidad de tener una relación cercana con Dios por la falta del perdón que llevan en su corazón hacia otras personas. La falta del perdón afecta de forma negativa nuestras oraciones, nuestra adoración y nuestra comunión con Dios, así como las relaciones con quienes nos mantenemos molestos.

No es una opción

La Palabra de Dios nos manda a perdonas. No es una opción. La Palabra de Dios dice que *debemos* perdonar: "Sean comprensivos con las faltas de los demás y perdonen a todo el que los ofenda. Recuerden que el Señor los perdonó a ustedes, así que ustedes deben perdonar a otros" (Colosenses 3:13 NTV).

Por supuesto que podemos elegir desobedecer en cuanto al perdón, pero pagamos un precio por esa desobediencia. Cuando nos negamos a perdonar, nos lastimamos a nosotros mismos más de lo que lastimamos a otras personas. Negarse a perdonar es como tomar veneno y esperar que nuestro enemigo muera. Podríamos pasar años molesto con

> Cuando nos negamos a perdonar, nos lastimamos a nosotros mismos más de lo que lastimamos a otras personas.

alguien que no sabe o no le importa que estamos molestos. Viven su vida y la disfrutan, mientras que nosotros vivimos miserables y en amargura.

Si queremos respuesta a nuestras oraciones, perdonar los pecados de otras personas es algo que tendremos que hacer. La Palabra de Dios nos enseña que cuando oramos, si tenemos algo en contra de alguien, primero debemos perdonar a la persona y dejarlo ir para que nuestro padre pueda perdonarnos (Marcos 11:25). Mucha gente no puede comprender por qué no reciben respuesta de sus oraciones, pero nunca escudriñan su corazón para asegurarse de que esté limpio de ofensas hacia otros. Quizás deberíamos escudriñar nuestro corazón antes de orar. De esta forma, si tenemos algo en contra de alguien, podemos perdonarlos y luego, presentar nuestras peticiones a Dios.

No quiero obstáculos que dañen mi relación con el Señor, pues es la relación más importante que tengo. El pecado de cualquier tipo puede ser ese obstáculo, y la falta de perdón es un pecado.

No es justo

Una de las primeras objeciones que viene a la mente cuando estamos considerando perdonar a alguien que nos ha lastimado es que no es justo. Durante años sufrí el abuso sexual de mi padre. Era un hombre malvado, violento y controlador. Creó una atmósfera de miedo que hacía que todos en la familia fueran miserables, pero Dios me pidió que lo perdonara. Cuando me di cuenta de esto, mi primer pensamiento fue: *no es justo*. Él no sentía lo que había hecho y, aun así, a mí me pedía Dios que lo perdonara. Tenía una carga de odio y resentimiento contra él en mi corazón hasta que llegue a mis cuarenta. Incluso en ese tiempo en que lo perdoné, al principio realmente no era perdón. Una verdad que en realidad me ayudó fue aprender que la gente lastimada, lastima a otros. Cuando me di cuenta de esto, pude ver que mi padre tenía un problema serio interno que lo hacía actuar de esa forma.

En la cruz, Jesús oró por perdón para quienes lo crucificaban, oraba diciendo que no sabían lo que hacían (Lucas 23:34). En los casos en los que la gente hiere a los hijos de Dios, Él se vuelve nuestro defensor y se encarga de las consecuencias por aquello que nos hicieron, siempre y cuando nosotros dejemos en sus manos la ofensa para que Él se encargue. Él es un Dios de justicia y en su debido tiempo, Él enderezará aquello que no está bien.

El perdón es el principio de la sanidad del alma herida y la persona quebrantada de corazón. Durante el genocidio de Ruanda en 1994 se dieron cien días en los que asesinaron a ochocientas mil personas de forma violenta. Más de un millón fueron asesinados antes de que acabara la guerra. Este evento fue uno de los más terroríficos de la historia, cuya violencia sobrepasó los límites de lo imaginable. Años después de la matanza visité Ruanda y tuve el privilegio de hablar con algunas de las víctimas acerca de la importancia del perdón. Vi cómo muchos de ellos liberaron las cargas que llevaban y vi el cambio que se dio en ellos. Les dije que estaba bien soltar el pasado y seguir adelante con sus vidas. Ellos pensaban que soltar esa carga sería irrespetuoso hacia los que habían fallecido, pero vieron la verdad de la Palabra de Dios y finalmente empezaron a vivir de nuevo.

El 85 % de la población de Ruanda eran de la tribu Hutu, pero la tribu minoritaria, Tutsi, siempre estuvo en control. En 1959, los Hutu tomaron el control y miles de Tutsi huyeron a los países vecinos. En un plan bien organizado, los Hutu hicieron arreglos para la matanza de los Tutsi. De acuerdo con la BBC.com: "Los vecinos mataron a los vecinos, incluso los esposos mataron a sus esposas Tutsi". La matanza fue masiva, hasta el punto de que los huesos de las víctimas se han quedado apilados en el país por años. Se han esforzado por perdonar y se ha logrado mucho avance, aunque estoy segura de que todavía hay mucho por hacer. No hay esperanza para situaciones como esta, no puede haber perdón sin la gracia de Dios que nos ayude.

He leído innumerables historias de personas que han perdonado ofensas que parecen imperdonables. Estas son algunas de ellas:

El indulto improbable

La iraní Samereh Alinejad declaró a la *Associated Press* que después del asesinato de su hijo adolescente "en lo único que podía pensar era en venganza". Sin embargo, literalmente minutos antes de la ejecución del asesino en la horca, ella tomó un giro radical. Alinejad tomó la decisión de último minuto de perdonar al hombre. Ella se convirtió en una heroína.

El viudo comprensivo

Después de un largo turno en la estación de bomberos, Matt Swatzell se quedó dormido mientras conducía y chocó con otro vehículo, arrebatando la vida de June Fitzgerald, que estaba embarazada. En el accidente también salió herida la hija de 19 meses. De acuerdo con la revista *Today*, el esposo de Fitzgerald, un pastor a tiempo completo pidió que se redujera la condena del hombre y empezó a reunirse con Swatzell para tomar un café y conversar. Después de muchos años, los dos hombres siguen con su amistad. "Uno perdona en la medida que ha sido perdonado", dijo Fitzgerald a *Today*.

El agente compasivo

Un extracto del libro *Why Forgive?* (*¿Por qué perdonar?*) en *Plough Quarterly* nos habla de Steven McDonald, un joven agente de policía en 1986 recibió el disparo de un adolescente en el Parque Central de Nueva York, situación que lo dejó con parálisis. "Perdoné [al tirador] porque creo que lo único peor que recibir un disparo en la columna vertebral pudo haber sido alimentar la venganza en mi corazón", escribió McDonald. Mientras el joven cumplía su condena en prisión, McDonald mantuvo correspondencia con él, con la esperanza de que algún día ambos pudieran trabajar juntos para promover el perdón y las acciones sin violencia. Por desgracia, el joven falleció en un accidente en motocicleta tres días después de su liberación. [McDonald falleció en 2017, pero pasó el resto de su vida viajando por el mundo y difundiendo el mensaje del perdón].

Ninguna de estas experiencias se pudo considerar justa. Pero no olviden lo que Steven McDonald dijo: "Lo único peor que recibir un disparo en la columna vertebral pudo haber sido alimentar la venganza en mi corazón".

Podría parecer que estas personas hicieron algo sorprendente a favor de quienes los lastimaron. Aunque podría ser verdadero, hicieron más por ellos mismos. Se liberaron de la prisión.

La comprensión del proceso del perdón

Así como el amor no se basa en los sentimientos, pero es una decisión de cómo tratamos a una persona, así es el perdón. Perdonamos porque Dios nos pide que perdonemos. Nunca nos pide que hagamos algo, a menos que sea lo mejor para nosotros y nunca nos

> *Dios nunca nos dice que hagamos algo, a menos que sea lo mejor para nosotros.*

pide que hagamos algo que sea imposible para nosotros. Aunque el perdón podría ser difícil, podemos confiar en que hacerlo es sabio porque Dios dice que lo hagamos.

Cuando decidimos perdonar a alguien que nos lastimó, tal vez al principio no sintamos nada diferente hacia la persona. La mayoría de las personas comete el error de pensar que, si sus sentimientos no cambian, no han perdonado. Espero aportar algo de comprensión al proceso por el que podemos esperar cuando elegimos perdonar a alguien, porque suponer que no hemos perdonado porque los sentimientos no cambian, no es una realidad.

1. *Decida obedecer a Dios.*

Primero, decidimos obedecer a Dios y perdonar. Comience con una oración en la que le pide ayuda a Dios para perdonar a la persona que nos hirió. Declaramos que perdonamos a esa persona y nos comprometemos a orar por ellos. Dios nos dice que oremos por nuestros enemigos y por los que nos persiguen (Mateo 5:44).

¿Cómo debemos orar? ¿Para qué oramos? Ore para que las personas sean perdonadas por lo que le han hecho y pida a Dios que los bendiga dándoles comprensión de cómo sus acciones lo afectaron. Además, pídale que los ayude a comprender cómo sus acciones los afectan a ellos mismos, para que puedan ver la verdad y pedir perdón de forma personal. Cuando pedimos a Dios que bendiga a nuestros enemigos, no es que les vaya a dar un auto nuevo o un ascenso en el trabajo, pero los bendecirá con una verdad que los hará libres. Sin embargo, si reciben algún tipo de bendición material, debemos negarnos a sentirnos celosos y creer que no lo merecen. Es la bondad de Dios la que lleva a las personas al arrepentimiento (Romanos 2:4).

Es muy difícil seguir odiando a alguien por quien se ora con regularidad. Ore para que Dios le dé un corazón comprensible hacia su enemigo. Cuando la gente trata mal a otros, siempre hay una razón para que actúen de esa forma. Es casi seguro que ellos mismos recibieron malos tratos y solo actúan conforme lo que tienen en su alma.

2. No hable negativamente.

El siguiente paso en el proceso del perdón es hacer el compromiso de no hablar mal de la persona que lo lastimó, ofendió o fue injusta con usted. Tal vez sienta tentación de decirle a los demás lo que hizo la persona o cómo lo trató y quizás ha hablado de esto anteriormente, pero cuando decide perdonar, es importante también decidir callar esos comentarios negativos acerca de estas personas.

3. Ayude.

Finalmente, prepárese para ayudarlos si lo necesitan. La Biblia dice: "Si tu enemigo tiene hambre, dale de comer, si tiene sed, dale de beber" (Romanos 12:20). En otras palabras, si su enemigo tiene alguna necesidad que usted pueda satisfacer, hágalo. Nada suaviza más un corazón duro que darle a alguien que lo ha lastimado.

Este proceso de perdón es lo que me ayudó a perdonar a mis padres por su abuso y abandono, y al final, es el proceso que llevó a mi padre a arrepentirse de sus pecados y recibir a Cristo como su salvador. Mi sacrificio fue muy pequeño en comparación con el gozo de saber que ahora él está en el cielo y que tendremos el gozo de una relación perfecta de amor cuando llegue ahí.

He dicho que el perdón no es un sentimiento, pero es importante agregar que sus sentimientos llegarán a coincidir con su decisión de perdonar. Sin embargo, podría ser que nunca llegue a tener los sentimientos que tenía por esa persona antes de que lo lastimara. Cuando tenía entre treinta o cuarenta años, mi mamá me preguntó cómo me sentía respecto a ella, a lo cual le contesté con honestidad. Le dije que no la amaba como se amaba a una madre que me protegió y me cuidó, sino que la amaba como una hija de Dios y que siempre me aseguraría de que estuviera bien cuidada.

Confiamos demasiado en nuestros sentimientos para conocer la verdad, pero pueden engañarnos con facilidad. No debiéramos entregar a nuestros sentimientos el poder que les damos con frecuencia sobre nuestra vida. No imagino que Jesús tuviera ganas de ir a la cruz, Él lo hizo. No sabemos cómo se sintió cuando fue rechazado, escupido, abandonado y traicionado, pero dudo que se sintiera bien. Sin embargo, Él obedeció a su padre celestial, sin importar cómo se sentía.

> Confiamos demasiado en nuestros sentimientos para conocer la verdad.

Conteste estas cuantas preguntas para evaluar con honestidad su posición hacia el perdón.

- ¿Tiene algo en contra de alguien en este momento?
- ¿Toma decisiones acerca del amor y el perdón basado en sus sentimientos?
- ¿Ora por sus enemigos?
- ¿Habla negativamente de quienes lo han lastimado con otras personas?
- ¿Está dispuesto a ayudar a sus enemigos cuando están en necesidad?

Este capítulo podría presentar una oportunidad para tener nuevos inicios. De hecho, podría cambiar su vida. Mi deseo es que usted se esfuerce en el proceso del perdón hacia cualquier persona que lo haya lastimado y que esté dispuesto a hacerlo una y otra vez. No limite lo que puede hacer por otros, pues Dios no limita su misericordia y su perdón hacia nosotros. Además, Dios le dará la gracia y fortaleza para obedecer su enseñanza de perdonar, sabiendo que esto lo hará libre.

PARTE 3

El poder del amor y de la aceptación

CAPÍTULO 12

¿No pueden parecerse más a mí?

*Entre más años avanzo en la vida, más segura estoy de que
la bondad más grande es la aceptación.*

Christina Baker Kline, *Un pedazo del mundo*

Para amar a la gente, debemos aprender a aceptarlos tal como son, no intentar convertirlos en alguien que quisiéramos que fueran. En muchos casos, nuestra expectativa es que ellos cambien y sean más como nosotros antes de desear con sinceridad darles la aceptación que necesitan tan desesperadamente. Cuando hablo acerca de aceptar a la gente como son, no me refiero a que debamos aceptar el pecado y darle a la gente la idea de que pensamos que todo lo que hacen o piensan está bien. Me refiero a no tratar de cambiar a la gente en algo o alguien diferente a quien Dios hizo. Esto es sumamente importante para tener relaciones saludables.

La gente que vive en el pecado sabe que está pecando y nuestros señalamientos o las críticas que hagamos no la hará cambiar. Lo único que Dios usa para cambiar el corazón de una persona difícil es el amor y las oraciones. Tratar de obligarlos a cambiar es inútil, pues solo Dios puede trabajar en el corazón de una persona y lograr los cambios que reconoce como necesarios.

> Lo único que cambia el corazón de una persona difícil es el amor y las oraciones.

Aceptación incondicional

Dave y yo no pasamos mucho tiempo saliendo antes de casarnos. En realidad, no nos dimos suficiente tiempo para conocernos en verdad el uno al otro. Quizás se diga que nuestro matrimonio fue más una conexión divina. Solo tuvimos cinco citas antes de que Dave me pidiera casarme con él. Su oración era encontrar a la chica correcta para casarse y le pedía a Dios que le diera a alguien que necesitara ayuda. Dios contestó su oración porque yo era una persona disfuncional como nadie más. Pero en mi caso no estaba consciente de que tenía problemas.

Ni siquiera sabía qué era el amor, pero mi respuesta a su propuesta fue "sí" y empezamos la aventura llamada matrimonio. No tardé mucho tiempo, tal vez ni siquiera una semana, antes de darme cuenta de las cosas que no me agradaban de Dave. Quería que pasara la semana que teníamos para la luna de miel, colgando las cortinas de nuestro apartamento y sabía que él no quería hacer ese tipo de cosas, lo cual me irritaba muchísimo. En esos días, tenía una raíz profunda de rechazo. Era tanto, que, si alguien actuaba, aunque fuera ligeramente, en contra de lo que le pedía, me sentía rechazada. Sin embargo, en ese entonces no sabía lo que estaba sintiendo. Todo lo que sabía era que me sentía lastimada. El dolor se convirtió en ira y luego se convirtió en gestos de inconformidad y autocompasión. ¡Era la campeona de los pucheros! En ocasiones dejaba de hablarle a Dave, incluso por semanas, porque no me hacía sentir en la forma que yo quería.

A Dave le di la labor de mantenerme contenta y por un tiempo lo intentó, pero pronto descubrió que no me haría feliz, sin importar lo que hiciera. Entonces, un día solo me dijo que estaba cansado de intentar hacerme feliz. Dijo que él trataría de ser feliz y de disfrutar su vida, aunque yo no disfrutara la mía.

Puede imaginar lo furiosa que me sentí, pero resultó ser una de las mejores acciones que pudo haber hecho. No me permitió controlarlo, y aunque eso me enojaba, pasé menos tiempo enojada porque me di cuenta de que no lograba el resultado que deseaba: salirme con la mía. Dave no trató de cambiarme. Me amó lo más que yo se lo permitía. Definitivamente puedo decir que recibí la aceptación incondicional de Dave.

Creía que Dave necesitaba un cambio

Dave no trató de cambiarme, sino que yo traté de cambiarlo a él. Estaba segura de que mi forma de ser era la correcta en cada situación. Mi intención era hablarle para que cambiara, también traté de culparlo para que cambiara, traté y traté, pero nada cambió. Me enojaba, le dejaba de hablar y mis pucheros hablaban por sí mismos. Dave practicaba muchos deportes y a mí no me interesaba ninguno, entonces quería que dejara de practicarlos, que se quedara en casa y me ayudara o me pusiera atención solo a mí. Todo giraba a *mi* alrededor.

Sé que esto suena como que era una persona terrible, con una conducta reprochable, pero con sinceridad, no sabía cómo ser mejor persona. Repetía lo que había visto cuando iba creciendo. Mi padre era demasiado controlador y a menos que el mundo girara a su alrededor, él se dedicaba a hacer que todos en la familia fueran miserables. Creía, casi con certeza, que la razón de mi mala conducta era que los demás no hacían lo que yo pensaba que debían hacer. Creía que si ellos cambiaban yo sería feliz. Quería que todos cambiaran, todos menos yo. Me tardé muchos años para darme cuenta de que las personas no pueden cambiar a los demás, solo Dios puede cambiar a una persona en realidad. El cambio verdadero debe venir de adentro para fuera y no de afuera para adentro. Así como Pablo escribe en Romanos 12:2, no debemos amoldarnos, sino ser *transformados*. Dios nos transforma a la

> *Creía que la razón de mi mala conducta era que los demás no hacían lo que yo pensaba que debían hacer.*

imagen de Jesucristo, pero el mundo y la gente del mundo quiere que nos amoldemos a ser lo que ellos quieren.

Cuando digo que Dave me aceptó incondicionalmente, no quiero decir que nunca tuvo que confrontarme por el comportamiento que tenía. Sin embargo, no lo hizo una vez tras otra, solo cuando sabía que Dios lo dirigía a hacerlo. Siempre que lo hacía, oraba por mí y confiaba en que Dios me cambiaría.

Cuando tratamos de cambiar a otras personas les estamos enviamos mensajes de rechazo, no de aceptación. Dios nos diseñó para amar y aceptar, y es que en las relaciones lo único que funciona es darles a estas personas el regalo de amor y de la aceptación. Dios nos ama y nos acepta. Nos acepta de la forma en la que somos y nos ayuda a llegar al lugar donde necesitamos estar, pero lo hace con gentileza, amabilidad y paciencia. Dios me ha cambiado con el paso de los años y ahora reconozco que yo era quien tenía los problemas, me doy cuenta de que las críticas con las que juzgaba a otros me cegaban de mis propias faltas.

Dave necesitaba ser cambiado en algunas formas específicas también, pero solo el amor de Dios podía lograrlo y así lo ha hecho. Ninguno de nosotros ha sido perfecto, ni lo seremos, sino hasta que Jesús nos lleve al cielo. Pero ahora sabemos que no podemos cambiarnos uno al otro, sino que hemos aprendido a orar y a dejar esos cambios en las manos de Dios.

Si usted está esforzándose con alguien que es muy difícil de amar y esa persona es agresiva o peligrosa, tendrá que amarla desde la distancia y seguir orando. No se rinda con esta persona. No puedo ni siquiera imaginar cuán terrible sería mi vida si Dave se hubiera rendido conmigo.

¿A quién está tratando de cambiar?

¿Existe alguien en su vida que está tratando de cambiar? ¿Tal vez se trate de uno de sus hijos, su cónyuge, un padre o madre, un suegro o suegra, un jefe, un compañero de trabajo o un amigo? Tal vez puedo ahorrarle mucho dolor si solo me cree cuando le digo que no funcionará. En ocasiones, si nos quejamos demasiado lograremos que cambien, pero será por un tiempo. A menos que Dios cambie su corazón, volverán a ser quienes son en realidad.

El mejor plan, el plan piadoso, es orar por aquellos cambios que crea que Dios deba hacer en otras personas. Ore con toda humildad por si fuera usted el equivocado acerca de estos cambios. Luego, esfuércese para que el Espíritu Santo lo convierta en la persona que Dios quiere que *usted* sea y entregue amor incondicional y aceptación a los demás.

Por mucho tiempo traté de cambiar a casi todo el mundo con quien tenía algún tiempo de relación y mis hijos no eran la excepción de mis esfuerzos. ¿Alguna vez se ha dado cuenta de que no importa cuántos hijos tenga, todos son diferentes y cada uno tiene su propia forma de hacerlo sentir frustrado? Pues yo tengo uno de personalidad exitosa en su plenitud, un sanguíneo, una perfeccionista melancólica y una que es el tipo de persona "no me importa la escuela, ni cómo se ve mi habitación, ni las calificaciones que obtenga, casi nada". Claro que me esforcé con cada uno de ellos y muy a mi manera estaba logrando que me odiaran cuando Dios me llamó la atención y aprendí que Dios nos hace a todos diferentes y quiere que nos aceptemos y valoremos uno al otro. Qué mundo tan aburrido sería si todos fuéramos exactamente

> Tratamos de hacer que los demás sean como nosotros cuando muchas veces ni siquiera nosotros nos agradamos.

igual. Tenía un serio problema con ver lo malo en la gente y obviar lo bueno que estaba bien en otros.

Debido a que vivimos engañados y con frecuencia pensamos que somos perfectos, tratamos de hacer que los demás sean como nosotros cuando muchas veces ni siquiera nosotros nos agradamos. Si lográramos el cometido de que los demás fueran como nosotros, no podríamos encontrar a nadie que nos agrade. El plan de Dios es hermoso cuando lo vemos. Todos tenemos fortalezas y debilidades y a medida que trabajamos juntos, hacemos lo que nos corresponde y nos convertimos en un cuerpo, todos trabajando con Cristo como nuestra cabeza (1 Corintios 12:27).

Dave y yo pudimos darnos cuenta de que, si cubríamos la debilidad del otro y nos fortalecíamos juntos, tendríamos todo lo que necesitábamos para ser exitosos en todo lo que hiciéramos. En lo que respecta a mis hijos, ahora me río cuando pienso en todo lo que me esforcé para cambiarlos y darme cuenta de que eran exactamente lo que yo necesitaba para el futuro. Mis dos hijos se encargan de las operaciones diarias de nuestro ministerio, el cual tiene un alcance mundial, que significa que es un trabajo arduo. Una de mis hijas también participa activamente en el ministerio y la otra hija (la "no me importa nada") es mi asistente; no sé qué haría sin ella. Ella detestaba la escuela y apenas se graduó, pero ahora, por la gracia de Dios, es una mujer sumamente inteligente en todas las áreas en las que necesita. Le pido con todo el corazón que ore por sus hijos, que pida para que sean todo lo que *Dios* quiere que sean y no lo que *usted* quiere. Si lo hace, todo estará bien.

Tratar de cambiar a otros es un trabajo difícil y frustrante porque nunca funcionará y, ¿por qué no disfrutar los aspectos que sí puede disfrutar en la gente y dejarle el resto del trabajo a Dios?

Entréguese a Dios

La mayoría de nosotros, cuando empezamos a entender la Palabra de Dios, entendemos cómo quiere que seamos y nos damos cuenta pronto de que es un camino muy largo para llegar a esa meta ideal. Lo próximo que hacemos es lo peor podemos hacer: tratar de cambiarnos a nosotros mismos cuando ese es trabajo de Dios. Dios envió a su Espíritu Santo a vivir en nosotros para enseñarnos la verdad (Juan 16:13; 2 Timoteo 1:14) y para convencernos del pecado y de la justicia (el significado, la forma correcta de comportarnos; Juan 16:8). El Espíritu Santo nos fortalece (Efesios 3:16) y es nuestro intercesor (Romanos 8:26). Cuando recibimos a Cristo, somos santificados y santos, pero el Espíritu Santo toma la semilla que Dios plantó en nosotros y permite que crezca hasta convertirse en un fruto pleno a medida que pasa el tiempo (Gálatas 5:22-23; Efesios 5:9). Dios pone su santidad en nosotros y el Espíritu Santo permite que esa misma santidad trabaje en nosotros, siempre que nosotros cooperemos (Romanos 15:16; 1 Pedro 1:2).

Lea el siguiente pasaje de la Biblia con detenimiento y extraiga la esencia de lo que dice. Ponemos en práctica aquello que Dios ha sembrado en nosotros, pero no en nuestras fuerzas. Solo podemos hacerlo con la ayuda de Dios.

Queridos amigos, siempre siguieron mis instrucciones cuando estaba con ustedes; y ahora que estoy lejos, es aún más importante que lo hagan. Esfuércense por demostrar los resultados de su salvación obedeciendo a Dios con profunda reverencia y temor. Pues Dios trabaja en ustedes y les da el deseo y el poder para que hagan lo que a él le agrada.

Filipenses 2:12–13

El cambio requiere tiempo y, a veces, mucho más del esperado. Lo animo a que disfrute de quién es a medida que va cambiando. ¡Dios puede lograr el cambio! Lo ama y disfruta de verlo en cada etapa de su crecimiento espiritual. Así como nos encanta ver a nuestros hijos en cada etapa de su crecimiento, incluso en algunas etapas que son más difíciles que otras, deberíamos amar y disfrutar nuestras vidas en cada etapa que nos lleva a ser más como Cristo.

Ayer comimos en un restaurante muy elegante con mi hijo, su esposa y nuestros nietos más pequeños que están entre los 18 meses hasta los 13 años. Brody, el de 18 meses de edad, apenas está en la etapa de reconocer su voz, pero no conoce la diferencia entre la voz interior y la exterior, por lo que a veces grita. Le encantan las papas fritas, y ayer dos de sus hermanos tenían papas fritas. Durante un buen rato, Brody no las vio, pero al darse cuenta de que estaban allí, empezó a gritar: "¡Papitas!". En lugar de enojarnos por sus gritos, en medio de un restaurante elegante, pensamos que era divertido y la gente alrededor de nosotros también lo pensó.

A veces somos tan estrictos con nuestras faltas, que perdemos el gozo por aquello que Dios sabe que cambiará en algún momento.

> Perdemos el gozo por aquello que Dios sabe que cambiará en algún momento.

Claro que, con el tiempo, Brody va a aprender a no gritar cuando quiera papas fritas y así también, Dios corregirá nuestras faltas. Pero de la misma forma en la que nuestra familia disfruta del bebé en una condición imperfecta, Dios disfruta también cuando estamos en una condición imperfecta y nos invita a disfrutar de nuestra vida.

Quiero invitarlo a que se entregue totalmente a Dios. Reconozca ante Él que no puede cambiarse por sí mismo, pero que desea que Él lo cambie y que haga de usted lo que Él desea. Dios hará el cambio en el ritmo justo y adecuado para usted; usará métodos que nunca se le hubieran ocurrido a usted. Es la gracia de Dios la que nos cambia, no nuestros propios esfuerzos. Todo lo que podemos hacer es querer ser lo que Dios quiere que seamos, arrepentirnos por lo que no somos y ponernos totalmente en las manos de Dios para que sea Él quien haga los cambios que desea. Claro que sí tendremos que esforzarnos, pero es un esfuerzo que depende totalmente de Dios, no es de nosotros, es para la victoria de Dios.

En mi caso, Dios me ha cambiado de una forma drástica. Apenas me reconozco cuando pienso en esa chica de 23 años que se casó después de cinco citas y pasó su luna de miel enojada con su esposo porque él no quiso colgar las cortinas.

¿Cómo me cambió Dios? Usó su Palabra, libros específicos que puso en mis manos y que me llevó a comprar, diferentes enseñanzas, tiempo que pasé con Él, errores que me enseñaron lecciones valiosas y muchos otros recursos que siguen siendo un misterio para mí. Dios me amó incluso en mi condición imperfecta y eso es lo que nos pide hacer por otros. Estuve ciega, pero ahora veo, así como dice la canción de "Sublime gracia". Dios también lo cambiará a usted. La transformación de una persona es posible por el hermoso milagro del que somos testigos cuando caminamos con Dios. Uno de los consejos que es sumamente importante es: ¡Nunca se rinda!

El regalo de la libertad

La libertad es uno de los regalos más preciados de Dios. Nos da opciones y nos dice cuáles funcionan mejor para nosotros, pero nunca nos obliga a hacer lo que Él quiere. Ante nosotros dice: "Te he dado a elegir entre la vida y la muerte, entre la

> La libertad es uno de los regalos más preciados de Dios.

bendición y la maldición", y somos nosotros quienes elegimos entre estos caminos (Deuteronomio 30:19).

Lo mejor que Dave hizo por mí fue darme libertad para ser quien yo era. No me permitió ser irrespetuosa con él, ni que lo controlara, pero sí me dejó ser yo misma y es algo que sigue haciendo hasta hoy. Incluso cuando doy algún grito por algo... no pidiendo papas fritas, sino ese tipo de gritos que exclaman por algo que quería o que no, Dave se ríe de mí porque conoce mi corazón. Con frecuencia dice: "Ahí sigue esa llama que me llevó a casarme contigo". Cuando me conoció estaba frecuentando a otras tres chicas, pero dijo que con ellas se aburría y conmigo no. Dave buscaba un desafío. Créame cuando le digo que ¡vaya que se consiguió uno grande!

Dios nos creó a Dave y a mí, precisamente para que estuviéramos uno con el otro. Dave me acepta como soy y yo lo acepto a él. Los dos seguimos cambiando. De hecho, hoy mismo vi un milagro. Me encantan los masajes de pies, pero a Dave no le gusta ni recibirlos ni darlos, por lo que dejé de pedirle que masajeara mis pies desde hace años. Sin embargo, esta mañana estaba sentada escribiendo este libro cuando se acercó y empezó a dar un masaje a mis pies, incluso besó uno de ellos. Le pregunté si Jesús vendría hoy y estaba haciendo buenas obras para asegurarse de irse con Él (☺). También debo agregar que no me dio un masaje muy prolongado, pero lo hizo y he aprendido a ser agradecida por esos modestos comienzos (Zacarías 4:10).

Son muchos los días en los que nos enfrentamos a un sinnúmero de situaciones que pudieran molestarnos si se lo permitimos, pero preferimos que el amor cubra la multitud de pecados (1 Pedro 4:8). El amor es mucho más divertido que estar discutiendo y estar enojados, además, nunca fracasa en su esfuerzo de unir, en lugar de dividir. Tratar de cambiar a otros es un acto de egoísmo, no de amor.

El amor libera, proporciona tanto raíces como alas a cada persona. Ofrece un sentido de pertenencia y aceptación (raíces) y un sentido de libertad (alas). El amor no trata de controlar ni de manipular, no busca su propia voluntad mediante el control que quiera ejercer sobre el destino de otros. En una familia llena de amor sincero, el padre que soñó con ser un jugador de fútbol profesional no trata de obligar a su hijo a jugar fútbol cuando este quiere ser un bailarín. Una madre que quiere que su hija sea popular porque ella nunca lo fue, no la obliga a ser porrista, relacionarse con la gente "correcta", estar en el equipo de debate, o postularse a presidenta de la escuela cuando su hija es el tipo de persona académica que quiere estudiar en paz y que no se preocupa por cómo la ven los demás. Los padres no proyectan en sus hijos lo

> *El amor proporciona raíces y alas.*

que quisieron para ellos porque los aceptan y disfrutan sus vidas en la forma en la que Dios los hizo.

El amor encuentra lo que cada persona necesita y los ayuda a obtenerlo.

CAPÍTULO 13

Te ruego que me aceptes

Para alabanza de la gloria de su gracia, con la cual nos hizo aceptos en el Amado.

Efesios 1:6 RVR1960

Dios ha prometido que nunca rechazará a nadie que se acerque a Él. Nuestra conducta podría no ser aceptable, pero Dios nos hace aceptables "en el Amado", que es Cristo Jesús. Dado que nuestra fe está en Jesús, nos ve "en Cristo" y puesto que Jesús es aceptable a Dios, también nos acepta.

Que Dios nos acepte es maravilloso, aunque también anhelamos que otra gente nos acepte. Todos queremos ser aceptados, incluidos, amados y aprobados, pero no todas las personas a nuestro alrededor están dispuestas a darnos estas experiencias positivas. Debemos aprender a combatir el rechazo, o de lo contrario, seremos miserables durante gran parte de la vida. Jesús recibió rechazo de la misma gente que ayudó, de los líderes religiosos e incluso de los mismos hermanos que no le creyeron (Lucas 9:22; Juan 7:5; Hechos 4:10-11). "Sin causa lo aborrecieron" (Juan 15:25 RVR1960), y dijo que, si la gente lo odiaba, también nos odiarían a nosotros porque el siervo no es mayor que su señor (Juan 15:18-20).

Nos preocupamos demasiado por lo que otros piensan de nosotros, cuando nuestra preocupación verdadera debería ser que Dios nos apruebe, tanto a nosotros como a nuestras acciones. El hecho de que la gente nos rechace no significa que algo anda mal con nosotros. Quizás tengan problemas personales y sientan que es difícil aprobar a otros porque, para empezar, ellos no se han aprobado ni a ellos, ni a lo que representa su vida. Si son personas que siempre se critican y emiten juicio sobre sí mismos, esos sentimientos negativos fluirán externamente y llegarán a otros.

> La mayoría de las personas que tratan mal a otros es porque se tratan mal a ellas mismas.

La mayoría de las personas que tratan mal a otros es porque se tratan mal a ellas mismas. La manera en la que nos sentimos con nosotros es más importante de lo que creemos. ¿Se acepta a sí mismo? ¿O siente rechazo hacia sí mismo? ¿Espera mostrar perfección en su comportamiento antes de aceptarse? Recuerde que Jesús murió por nosotros cuando seguíamos siendo pecadores (Romanos 5:8). Lo diré de nuevo: puede disfrutar de su vida mientras Dios lo cambia y se va pareciendo más a Jesús.

Uno de los mejores regalos

La aceptación es un regalo que podemos dar a otros, además, es un regalo que todos quieren. No es difícil mostrar la aceptación, solo basta con sonreír a alguien para que dar una señal de aceptación. Una cuantas palabras de afirmación o un cumplido rápido también tienen efectos maravillosos para muchos de nosotros. Propongámonos ayudar a otros a sentirse aceptados, tengamos en mente que Dios nos acepta a pesar de nuestras imperfecciones.

Otras formas de ayudar a otros a sentirse aceptados podrían ser: otorgar el perdón sin demora, una muestra de misericordia y paciencia cuando cometen errores. Ayer, una joven nos atendió en un restaurante. Era más que notorio que se trataba de que empezaba en ese puesto porque se veía nerviosa. En su pedido de cocina, olvidó pedir el sándwich de Dave, por lo que mientras nosotros comíamos los platos que pedimos, él solo tenía una sopa. Cuando se dio cuenta de que había olvidado pedir el sándwich, su rostro se enrojeció y pudimos ver que se sentía terrible. Cuando lo trajo, Dave se aseguró de decirle que había hecho un buen trabajo y le dijo que olvidar un sándwich no era un problema en lo absoluto. Le dijo que todos cometemos errores y que no debía preocuparse. Este tipo de interacciones son los regalos que podemos darle a otros, regalos que les ayudarán en maneras importantes.

Muchos se hubieran enojado si alguien olvida una porción importante de los alimentos. Si una persona en el servicio ya se siente insegura, la ira contra ella puede causar mucho daño a su alma (mente, voluntad y emociones). Tengo dos nietas que trabajan en un restaurante de comida rápida. Hace poco me contaron que una mujer escupió a uno de los meseros porque sentía que su ensalada no estaba bien hecha. Otra mujer vio que su pedido no estaba correcto y amenazó con arrollar con el vehículo a quien le había llevado la comida a su auto. Por errores insignificantes maldicen, amenazan y tratan vergonzosamente a las personas que están al servicio. Sería maravilloso si la gente pudiera mostrar misericordia y ser rápidos para perdonar, pero la verdad es que muchos no pueden mostrar misericordia ni perdón a otros porque ni siquiera ellos se tratan con misericordia. Las personas airadas posiblemente se lastiman a sí mismas y cuando otros cometen un error, les resulta muy fácil externar sus frustraciones sobre otros.

Muchas personas en el mundo están lastimadas y sus almas sienten dolor por muchas razones. Se han dejado gobernar por rechazos del pasado y han permitido que los hagan sentir imperfectos e inaceptables. Ningún médico puede recetar un medicamente para ese tipo de dolor, pero Dios nos permite ser sus instrumentos para sanar a otros del alma.

El amor y la aceptación de Dios nos sana, pero también usa a otros para derramar su amor sobre nosotros. Una de las formas más importantes que Dios usó para sanar mi alma herida fue mediante el amor incondicional y la total aceptación que Dave me mostró. Pida a Dios que lo use para mostrar su amor y aceptación a otros. Será uno de los mejores regalos que podamos darle a alguien en la vida.

Por lo general, rechazamos a las personas que son difíciles de amar, aquellos que son diferentes a nosotros, que no entendemos o con quienes no estamos de acuerdo. Esta postura no es correcta y es tiempo de elegir ser un sanador de heridas, en lugar de alguien que lastima a otros o que profundiza las heridas que ya tienen.

Dios quiere que amemos a todos, por eso, necesitamos aprender a ver más allá de nuestras diferencias y ver el valor que está en la gente porque Dios los ha creado y los ama. Aprendamos a discernir lo que realmente pasa cuando estas personas tienen una conducta inadecuada, y no solo reaccionar a esa conducta con otra mala reacción de nuestra parte.

Dios ama a cada persona del planeta y es muy gentil con quienes han recibido tratos injustos y que tienen un corazón lastimado. Dios los ama incondicionalmente, sea que lo amen a Él, o no. Incluso si no estamos de acuerdo con Él, nos sigue amando y como sus representantes en la tierra, quiere que hagamos lo mismo. Amar a alguien no significa que estemos de acuerdo con todas sus acciones, pero sí significa que somos amables y amorosos con ellos.

> Amar a alguien no significa que estemos de acuerdo con todas sus acciones.

Nuestras diferencias

El mundo está lleno de odio y mucho de ese odio se basa en las diferencias entre las personas. Algunos odian a otros por tener diferencias en cuanto a la raza, la cultura, el partido político e incluso la religión. El odio tuvo sus inicios en Génesis y ha asomado su horrenda cabeza en toda la Biblia. Caín odiaba a Abel y lo mató (Génesis 4:8). Jacob no congeniaba con Esaú, su hermano gemelo, y lo engañó con su derecho de primogenitura, por lo que Esaú lo odió por ello (Génesis 27:1-29, 41). Los hermanos de José lo odiaron porque su padre lo amaba más que a los demás; terminaron vendiéndolo como esclavo, pero mintieron diciendo que un animal salvaje lo había matado (Génesis 37:4, 11-33). El hermano de David, Eliab, no trató a su hermano con respeto; y el hijo de David, Absalón, trató de despojarlo del trono (1 Samuel 17:28; 2 Samuel 15). Los líderes religiosos en los días de Jesús lo odiaban, así como a los profetas que les envió (Mateo 23:34; Juan 15:25). La misma gente a la que Pablo ministro lo abandonó en la primera prueba, pero su ruego a Dios fue que no se los tuviera en cuenta (2 Timoteo 4:16).

La historia nos relata muchas guerras en nombre de la religión. Hubo ocho cruzadas. Estas guerras entre los cristianos y los musulmanes sucedieron desde 1096 hasta 1291 con el fin de controlar los lugares santos que los dos grupos consideraban sagrados. Millones de personas murieron durante estas cruzadas. La Guerra de los Treinta Años también fue una guerra religiosa que se dio entre católicos y protestantes entre 1618 a 1648. Durante la Segunda Guerra Mundial, Hitler y sus seguidores persiguieron y ejecutaron a millones de judíos, lo que es un ejemplo de cómo se trasforma el pensamiento enfermo de una persona cuando se llena de odio.

> Nadie está en lo correcto el cien por ciento de las veces.

Es muy triste decir que gran parte de las críticas se dan entre diferentes denominaciones cristianas y su forma de adorar. Por ejemplo, un protestante puede estar en gran desacuerdo con un católico, o un bautista con un pentecostés, o el pentecostés con el luterano o el metodista. La lista nunca termina. Todos piensan que son los únicos que tienen la razón, y he llegado a pensar que ninguno de nosotros está en lo correcto el cien por ciento de las veces. Tal vez cuando lleguemos al cielo nos sorprendamos, pues veremos quiénes llegaron y quiénes no. Cada persona debería tener convencimiento de su propio corazón acerca de lo que cree y evitar criticar a los demás. El amor sincero podría solventar todos estos problemas si solo lo dejamos que actúe.

En toda la historia, solo hubo unos cuantos años sin guerras en alguna parte del mundo. Las estadísticas varían, por lo que no ofrezco dar muchos números, pero solo para tener un ejemplo, un informe que leí decía que, durante los 3400 años de nuestro mundo, solo hubo 268 años dispersos sin alguna guerra (al decir "guerra" definimos un conflicto en que se perdieron mil vidas como mínimo). Llevarse bien los unos con los otros, pareciera no ser tan fácil para muchos, pero debe ser posible porque Dios nos ha instruido a hacerlo (Salmo 34:14; Romanos 12:18; Hebreos 12:14). Podemos amarnos unos a otros, a pesar de nuestras diferencias.

Muchas personas rechazan a otros solo porque estas personas tienen una personalidad diferente. Esto no es muy perspicaz, pues somos diferentes por creación de Dios. John Ortberg escribió un libro titulado *I'd Like You More If You Were More Like Me* (Me agradarías más si te parecieras más a mí), y me encanta el título y el libro. ¡Me hubiera encantado haberlo pensado antes que él! El título del libro es un sermón y presenta una verdad con la que todos tenemos dificultad. Queremos que la gente sea como nosotros, pero Dios nos ha hecho diferentes con un propósito: para que podamos ayudarnos unos a otros. Nadie posee todas las características buenas.

En la Biblia leemos que Jacob amó a una mujer llamada Raquel y con tal de ganarla en matrimonio, trabajó para su futuro suegro, Labán, durante siete años. Sin embargo, Lea era la hermana mayor y como era costumbre que la hermana mayor se casara primero, Labán engañó a Jacob para que se casara con Lea. Jacob logró casarse con Raquel, pero para ello tuvo que trabajar otros siete años para Labán (Génesis 29:16-30).

Esta historia me llama mucho la atención. Jacob amaba a Raquel. Era una mujer hermosa, pero por muchos años no pudo tener hijos. Por el contrario, Lea le dio muchos hijos a Jacob, pero en Génesis 29:17 dice que tenía los "ojos apagados". Me imagino que esta es un eufemismo para decir que no era tan bonita. Raquel tenía belleza, pero Lea podía tener hijos. Este ejemplo lo uso cuando enseño en cómo cada persona tiene alguna característica buena, pero no encontramos todas las características buenas en una persona. Si comprendemos esta lección, podemos dejar de sentir celos de otros y aprender a disfrutar los regalos que tenemos y los de los demás.

Amar en la distancia

Pablo anima a los Filipenses a llenarlo de alegría al llevarse bien unos con otros (Filipenses 2:2). También escribe con relación a dos mujeres: Evodia y Síntique. Da instrucciones a la iglesia de ayudarlas a que se lleven bien (Filipenses 4:2-3). Incluso el mismo Pablo tuvo un conflicto tan serio con Bernabé que cada uno eligió a su compañero y a partir de ahí, no volvieron a ministrar juntos (Hechos 15:36-41). Sin embargo, después de algún tiempo aprendieron a respetarse y a hablar con amabilidad uno del otro. Continuaron caminando en amor, incluso al tener algunos desacuerdos en algunas áreas.

Sabemos que su desacuerdo fue por llevar a Juan Marcos en su viaje misionero. Pablo sentía que no podía confiar en él, pero Bernabé sentía algo diferente y quería que Juan Marcos los acompañara. Pablo y Bernabé no pudieron llegar a ningún acuerdo, por lo que tomaron caminos separados. Podríamos decir que Pablo y Bernabé se amaban a pesar de la distancia. No podían trabajar juntos, pero seguían amándose mutuamente. Vemos también que Pablo y Juan Marcos se reunieron tiempo después y ministraron juntos (2 Timoteo 4:11; Filemón 24).

Ellos son un gran ejemplo para que meditemos, pues muestran que pueden estar en desacuerdo, pero en paz. Incluso si tenemos problemas con algunas relaciones, se pueden solventar y podemos estar juntos de nuevo.

Me he encontrado en situaciones similares. Recuerdo a dos personas a las que amaba profundamente, pero después de varios años de intentar trabajar juntos, llegué a la conclusión de que nuestras personalidades eran muy diferentes para que pudiéramos trabajar juntas. Somos amigas en la actualidad y nos hemos apoyado mucho en el ministerio, pero dejamos de intentar trabajar juntas. Creo que podemos amar a alguien y aun así disfrutar de la relación sin tener que estar mucho con esa persona. No olvide que amar no es un sentimiento sino una decisión: la de tratar a las personas como Dios nos ha pedido que las tratemos.

Cuando lee que debe amar a todos incondicionalmente, tal vez sienta que existen algunas personas a las que simplemente no puede amar por la forma en que lo han lastimado o porque todavía son personas agresivas, o porque estar cerca de estas personas no es seguro para usted. Puede amar a todos, pero no significa que sea necesario pasar tiempo con ellos. Ore por estas personas, no hable mal de ellas y ayúdelas si necesitan ayuda, pero siempre recuerde que tiene derecho a tener relaciones seguras.

Darme cuenta de que puedo amar a la distancia ha sido muy beneficioso para mí. En algún tiempo pensé, como tal vez usted lo piensa, que amar a alguien significaba que tenía que pasar tiempo con esta persona, pero no es así. Hubo muchos años en los que estar cerca de mi padre no era seguro ni saludable emocionalmente para mí, y

> *El amor es cómo tratamos a alguien, no cómo nos sentimos con alguien.*

al llegar a mi adultez, seguí orando por él y seguí ayudándolo económicamente en lo que necesitaban, tanto a mi padre, como a mi madre.

Recuerde: el amor es cómo tratamos a alguien, no cómo nos sentimos con alguien.

El amor no permite hábitos que lastimen

Permítame hablar un poco más acerca de amar a los demás junto con la definición de los límites saludables. Una mujer puede casarse con un hombre agresivo o adicto a las sustancias y el alcohol, o un hombre que pudiera tener amoríos con otras mujeres. Seguir amando a este hombre no significa que debe seguir viviendo con él. El amor no siempre implica la restauración de una relación. Incluso aunque la reconciliación podría llegar a darse, necesitaría mucho tiempo. En ocasiones, algo tiene que morir antes de que venga la resurrección. Conozco personas que se han divorciado y años después vuelven a casarse porque se ha resuelto el problema que los obligó a separarse.

Puede amar a un hijo drogadicto, pero no significa que deba o incluso que deba continuar permitiendo ese problema al rescatarlo una y otra vez, o dejando que este hijo se aproveche de usted. Continuar con ese patrón no es bueno para su hijo ni para usted.

Debido a la culpa que mi madre sentía por permitir lo que hizo mi padre, mostraba amor a mi hermano como lo entendía. Mi hermano tenía un problema con sustancias, en especial con pastillas recetadas para el dolor. Con frecuencia ella le daba dinero, a pesar de que sabía que lo usaría para su adicción. Incluso le permitió que se llevara la medicina que era para ella cuando él le rogaba tomarla. Este tipo de conducta no es amor real, solo es un permiso para que la persona adicta siga con sus problemas.

Si tiene un hijo con más de 30 años que sigue viviendo en su casa sin trabajar y con quien tiene dificultades por adicciones de algún tipo, puede mostrarle más amor al forzarlo a que se mude a otro lugar o que busque la forma de trabajar para él, en lugar de que usted se dedique a esta persona. Dígale que lo ama y que siempre lo amará, que siempre estará en sus oraciones. Incluso hágale ver que, si se llega a encontrar en una necesidad legítima que no tenga que ver con su adicción, usted hará lo que pueda para ayudarlo. Sin embargo, no tiene que permitir que alguien arruine su vida porque ellos han decidido arruinar la de ellos. Puede aceptar a una persona sin tener que aceptar su conducta.

> No tiene que permitir que alguien arruine su vida porque ellos han decidido arruinar la de ellos.

En 1 Timoteo 1:19-20 leemos que Pablo entregó a Himeneo y Alejandro a Satanás porque estaban enseñando una doctrina falsa y se negaron a corregirla. No los entregó literalmente a Satanás, pero sí los alejó de la comunicación con la iglesia por dos razones. Primero, necesitaba proteger a los miembros de la iglesia de caer en el engaño. Segundo, esperaba que expulsarlos de la iglesia haría que se dieran cuenta de su error y se arrepintieran. Tal vez piense que Pablo los amaba en la distancia. A veces a este tipo de amor le decimos "amor cavernícola". En otras palabras, mostramos amor, pero en formas diferentes de lo que las personas creen que es amor. Muchas veces requiere más amor disciplinar a alguien a quien se aprecia que dejarlo hacer lo que le plazca.

CAPÍTULO 14

Adaptarse a los demás

Vivan siempre en armonía. Y no sean orgullosos, sino traten como iguales a la gente humilde. No se crean más inteligentes que los demás.

Romanos 12:16 TLA

Tengo que aceptar que cuando leí por primera vez Romanos 2:16 todavía no estaba preparada para adaptarme a otras personas. Quería que los demás se adaptaran a mí. En especial me sentía así con Dave. Éramos tan diferentes en nuestro temperamento y percibíamos de forma diferente muchas cosas, pero nos amábamos y aprendimos a que, si estábamos en desacuerdo, mantendríamos la paz.

Recuerdo un área en la que estuvimos en desacuerdo y era la de cómo disciplinar a nuestros hijos. Por ejemplo, dado que había sufrido abuso de niña, casi nunca estaba de acuerdo en cómo Dave quería manejar la disciplina con ellos. Quería corregirlos sin que se enojaran conmigo, mientras que a él no le importaba cuán enojados o infelices se sintieran, siempre que él sintiera que estaba haciendo lo correcto y que la corrección funcionaba. Nunca fue malvado con nuestros hijos, pero mi punto de vista de la disciplina era tan sesgado por la disciplina injusta y violenta de mi niñez, que veía la corrección apropiada y razonable, como métodos injustos. La gente que ha sufrido abuso, por lo general tiene una percepción disfuncional de lo que es bueno o malo. Dave y yo tenemos desacuerdos en muchas otras formas, y muchos se deben a la forma en la que crecí.

La disfunción genera disfunción

Nuestros modelos de conducta nos sirven como ejemplo y nos enseñan precisamente qué conducta tomar. Incluso si no nos gusta la forma en la que nos tratan, terminamos emulando su conducta. Mi padre siempre me corrigió con enfado y de forma injusta, por lo que la mayoría de las correcciones tenían que ver con enojo e injusticia.

Si usted ha pasado por algún tipo de abuso, en especial durante los años de su formación, lo invito a que tome en cuenta que el abuso podría nublar un poco la visión que tiene de muchas cosas. Si con frecuencia se encuentra en conflicto con otros por la forma en la que se deben hacer las cosas, sería sabio estudiar la Biblia en esa área o escuchar a personas que tengan la experiencia y sabiduría para el tema.

En nuestros primeros años de matrimonio, Dave y yo no tuvimos discusiones todo el tiempo acerca de todo lo que nos sucedía, pero cuando sí existía un desacuerdo, yo solía insistir en hacer mi voluntad. Debido a que Dave era y es un amante de la paz y tiene un temperamento adaptable, me daba lo que quería para mantener la paz, en especial porque no era algo que le interesara demasiado. Aunque en algunas ocasiones esto pudiera verse como una acción sabia, si se pierde el equilibrio se contribuye a seguir con el problema en lugar de resolverlo. Al final, Dave sí me confrontó y entre Dave y el Espíritu Santo, aprendí cómo adaptarme y ajustarme a otras personas, en lugar de insistir que se hiciera todo a mi manera.

En la película *Frozen* de Disney, los personajes cantan la canción que en inglés se llama "Let It Go" y que en español sería

"Olvídalo". A menudo escucho esa canción en mi cabeza cuando Dave y yo no estamos de acuerdo. Hay algunos temas por los que no vale la pena discutir. Ahora conservamos un buen equilibrio: Dave hace las cosas a su manera cuando son realmente importantes para él y en mi caso, lo hago cuando son importantes para mí.

Cómo adaptarse a las situaciones

La versión de la *Amplified Bible* de Romanos 12:16 dice que debemos ajustarnos a las personas y las situaciones, así que pensemos cómo podemos ajustarnos a las situaciones. Piense en una circunstancia que no le agrada, pero con la que no puede hacer nada. ¿Cómo responde a ello? ¿Sigue intentando cambiarla en vano, o confía en que Dios se encargará de la circunstancia y permanecerá en paz?

Todos enfrentemos situaciones que no nos agradan. Durante las últimas dos semanas, tuvimos problema con el sistema de calefacción de nuestra casa y tuvimos que reemplazarlo. Sin embargo, la empresa que hacía la reparación tardó dos semanas para conseguir un sistema nuevo.

El clima en St. Louis, lugar donde vivo, era muy frío, por lo que las habitaciones principales de la casa se mantenían muy frías. Lo bueno es que nuestro dormitorio y baño se encuentran en una unidad diferente, pero la cocina, la sala, la sala familiar y el primer piso de la casa estaban bastante fríos. ¡No me gustaba estar así! En realidad, no me gusta padecer de frío (ni de calor tampoco, ya que lo menciono). La verdad es que me parece que no me gusta estar incómoda.

Al principio, la situación me tenía frustrada y me sentía molesta con la empresa por no tener los repuestos necesarios en su inventario, aunque pronto me di cuenta de que las circunstancias no se adaptarían a mí, sino que yo necesitaba ajustar mi actitud hacia ellas. La solución fue que compramos un sistema nuevo, usamos la chimenea y encontramos otras formas de mantener el calor. Estos ajustes me permitieron sentirme lo suficientemente cómoda para hacer lo que tenía que hacer en las habitaciones cuando estaban frías.

Estar dispuestos a adaptarnos y ajustarnos a lo que no podemos cambiar es la única forma de disfrutar una vida con paz. Jesús dice que cada día "trae su propio afán" y por esa razón, deberíamos vivir un día a la vez y dejarnos de preocupar por el mañana (Mateo 6:34). Dios nos da suficiente gracia (poder y capacidad) para manera la vida un día a la vez, y nos da suficiente gracia para poner bajo control los inconvenientes o afanes de cada día. No obstante, hoy no nos dará la gracia que corresponde a mañana.

> Estar dispuestos a adaptarnos es la única forma de disfrutar una vida con paz.

Con frecuencia escuchamos la frase "la vida no es justa" y es que en realidad no lo es, pero Dios traerá justicia si confiamos y esperamos pacientemente en Él. Al leer las cartas paulinas, puedo ver que nunca oró para que la gente no tuviera problemas, ni para que sus problemas se alejaran. Pablo oraba para que pudieran tener la paciencia para soportar lo que viniera, siempre con buen carácter (Colosenses 3:12). Siempre me sorprendo cuando leo, pienso o enseño este pasaje. Nuestras oraciones son un tanto diferentes que las de Pablo. Solo queremos alejarnos de la incomodidad; no obstante, Pablo quería algo mucho más valioso. Pablo quería que pudiéramos adaptarnos y permanecer en paz en medio de los problemas. Sabía que esto nos haría más fuertes para manejar las dificultades futuras.

¿Siempre oramos para tener una salida fácil? Creo que sí, pero podemos aprender de las enseñanzas de Pablo y empezar a orar para poder soportar lo que venga, siempre con paciencia y con buen carácter. Pablo dice en Filipenses 4:12-13 que podemos tener contentamiento en cualquier situación, ya sea de necesidad o de abundancia y que todo lo podemos en Cristo porque Él es nuestra fortaleza, sin importar la situación en la que estemos. Ahora preguntémonos si tenemos la capacidad de actuar así, contestemos con sinceridad.

Estoy en el punto donde en el que suelo responder con algo irritante, pero puedo adaptarme bastante rápido para darme cuenta de que, si no puedo cambiar algo, lo mejor es que no pierda mi gozo por ello.

Cómo adaptarse a las personas

Mi primer encuentro con Romanos 12:16 al entender esto de adaptarme a las personas y las situaciones, se dio cuando era una joven cristiana que trataba de aprender a no molestarse cuando algo no se hacía como yo quería. Adaptarse a la forma en que Dave quería manejar una situación era sumamente difícil para mí. Esa fue una gran dificultad porque tenía una personalidad fuerte y egoísta, y porque había recibido malos tratos de algunos hombres, por lo que no podía creer que Dave pensara que esa sería la mejor forma de tomar decisiones para los dos.

Al final aprendí que la paz es más valiosa que hacer las cosas a mi manera y empecé a crecer en mi capacidad de adaptarme a las demás personas. Ahora puedo ver que adaptarse y ajustarse es una forma en la que podemos mostrar nuestro amor

> La paz es más valiosa que hacer las cosas a mi manera.

por Dios y por los demás. Ciertamente defiendo mi punto cuando siento que debo hacerlo, pero no siempre tengo que hacer las cosas a mi manera para sentirme feliz.

El apóstol Pablo parecía ser un maestro en el tema de adaptarse a los demás, pues escribe:

> Entre los judíos me volví judío, a fin de ganarlos a ellos. Entre los que viven bajo la ley me volví como los que están sometidos a ella (aunque yo mismo no vivo bajo la ley), a fin de ganar a estos. Entre los que no tienen la ley me volví como los que están sin ley (aunque no estoy libre de la ley de Dios, sino comprometido con la ley de Cristo), a fin de ganar a los que están sin ley. Entre los débiles me hice débil, a fin de ganar a los débiles. Me hice todo para todos, a fin de salvar a algunos por todos los medios posibles.
>
> 1 Corintios 9:20–22

El hecho de que Pablo se adaptara a cualquier situación con tal de ganar a la otra persona es un principio poderoso que todos debíamos estudiar y aprender a emular. Hablaba acerca de ganarlos para Cristo, pero también podemos usar estas escrituras solo para poder caminar en amor y mantener la unidad y la paz. Como ya se ha mencionado, no nos adaptamos al pecado, sino que podemos adaptarnos con humildad a las personas que son diferentes a nosotros. Vea con atención que dije "con humildad", porque tener la capacidad de hacerlo requiere humildad.

Vivir como Pablo vivió requiere sacrificio propio y creo que podemos decir con certeza que amar a las personas y mantener el vínculo de la unidad es tan importante como para hacer todo lo que se necesario hacer para obedecer a Dios en esta área. No significa que siempre debamos hacer lo que otros quieran que hagamos, sino que no podemos siempre ser la persona que tiene la razón y sigue en paz y unidad. No podemos mantener buenas relaciones con otros si nunca estamos dispuestos a adaptar nuestros deseos o forma de actuar. Es probable que sea aceptable decir que la mayoría de los divorcios y relaciones perdidas surgen por el egoísmo y la falta de disposición de adaptarse.

Cuando entendemos que adaptarse es una forma de dar y que esa dádiva es una parte esencial de caminar en amor, es mucho más fácil hacerlo. Al menos así es si estamos comprometidos a caminar en amor, pues el amor es lo más maravilloso en el mundo y es el nuevo mandamiento que Jesús nos dejó (Juan 13:34-35).

Trate a todos como Cristo quisiera que los tratemos

Tratar a los demás como Cristo quisiera que los tratemos es una orden de alto nivel y debo aceptar que, aunque debiera ser nuestra meta, no es algo fácil de lograr. Necesitaremos ir con más detenimiento y preguntarnos: "¿Qué haría Jesús en esta situación?" si alguna vez esperamos actuar así. Estamos acostumbrados a reaccionar a estímulos externos y en lugar de esos estímulos, necesitamos capacitarnos para actuar conforme a la Palabra de Dios.

> Necesitamos preguntarnos: "¿Qué haría Jesús?".

La Biblia dice que debemos tratar a los demás como quisiéramos que nos traten a nosotros (Mateo 7:12). Claro está que esta actitud resolvería todos los problemas relacionales, pero en realidad, es un desafío. En teoría, estamos totalmente de acuerdo con este principio porque sabemos que es una acción piadosa y que incluso podemos incluir este principio en nuestros planes. Aun así, cuando llega el momento, por lo general, nos enfrentamos a emociones negativas que nos mueven a actuar en una situación, antes de invertir tiempo en pensar qué quisiéramos que nos hicieran o qué haría Jesús.

Sin embargo, estas dos metas están dentro de nuestro alcance porque Dios nunca nos instruyó a hacer lo que no podemos hacer. Quizás no podamos lograrlas sin su ayuda, pero todas las cosas son posibles en Dios (Mateo 19:26). Si dominamos la posibilidad de vivir de esta manera, podríamos encontrarnos en momentos en los que algunas personas podrían querer aprovecharse de nosotros, pero no podemos andar con temor de que alguien se aproveche, o de lo contrario, no haríamos la voluntad de Dios. Él nos guiará con respecto a cuándo decir no a alguien por su propio bien.

Estoy segura de que si siempre trato a los demás en la forma en la que quiero que me traten, voy a sacrificar mucho y quizás se deba a que, con frecuencia, quiero que otros se sacrifiquen por mí. Jesús no solo se sacrificó en situaciones que encontró, sino que Él mismo se dio como sacrificio a Dios (Efesios 5:2). Jesús sacrificó su vida entera por nosotros para que pudiéramos ser salvos. Pablo escribe que deberíamos ofrecernos como sacrificio vivo (Romanos 12:1). Quiero animarlo a empezar cada día pidiéndole a Dios conocer qué hacer ese día para Él, incluso antes de pedirle aquello que quiera que Dios haga por usted. Si le preguntamos cómo podemos servirle, nos mostrará muchas maneras y, por lo general, estas maneras requieren cierto sacrificio.

Demasiadas ocupaciones

Somos personas ocupadas y nuestro exceso de ocupación nos impide servir a los demás. Sin embargo, Jesús siempre apartó tiempo para detenerse y ayudar a otros para satisfacer sus necesidades. Siempre se dirigía a algún lugar y casi nunca hizo un viaje sin detenerse por alguien que quería su ayuda para recibir sanidad o para ayudar a un amigo o familiar.

En Lucas 10:25-37, Jesús contó una parábola sobre un buen samaritano y los supuestos líderes religiosos que encontraron al hombre a un lado del camino. Se había encontrado con unos ladrones que lo despojaron de sus cosas y lo golpearon, por lo que necesitaba ayuda desesperadamente. Un sacerdote y un levita lo vieron y se desviaron del camino para no tener que caminar junto a él. Me he preguntado si iban camino a la iglesia o si tal vez solo estaban ocupados.

El samaritano, que también iba de camino a un destino, se detuvo, curó las heridas del hombre y lo llevó a un alojamiento para que recibiera los cuidados debidos. Necesitaba seguir adelante con su camino, pero dijo que a su regreso pagaría todos los gastos que se incurrieran en el cuidado del hombre herido. Ni siquiera puso un límite sobre cuánto estaría dispuestos a gastar. Jesús preguntó cuál de estos hombres se demostró como el prójimo del hombre herido y el experto en la ley dijo: "el que se compadeció de él", a lo que Jesús respondió "anda entonces y haz tú lo mismo" (Lucas 10:37).

Los samaritanos eran mitad judíos y mitad gentiles. Los judíos y los samaritanos no tenían buena relación en esa cultura. Los samaritanos no obedecían el judaísmo como se enseñaba, creían en su propia versión de los cinco libros de la ley y seguían una versión singular de adoración. No obstante, el samaritano mostró amor al hombre en necesidad, mientras que el sacerdote y el levita, ambos judíos y parte del pueblo escogido de Dios, no lo hicieron.

Ser cristiano no garantiza que una persona actuará en forma piadosa, aunque debería hacerlo. Necesitamos poner en práctica lo que decimos y creemos. Deberíamos seguir el modelo del que escribe Pablo: cartas abiertas o epístolas de Cristo "conocidas y leídas por todos" (2 Corintios 3:2-3).

Una evaluación sincera

Si le preguntaran si usted es una persona que se adapta, ¿cuál sería su respuesta? Quizás no esté donde quiere estar, pero lo está haciendo bien si avanza, aunque sea un poco. En lo que a mí respecta, no he llegado al lugar de perfección, pero he logrado avanzar y me adapto con

> *Adaptarse es una forma de mostrar amor.*

más facilidad a otros, a comparación de cómo lo hacía en el pasado. Seguiré trabajando en ello y creo que usted también. Recuerde, adaptarse es una forma en la que mostramos amor, mantenemos la unidad y el vínculo de la paz.

CAPÍTULO 15

Todos fuimos creados iguales ante los ojos de Dios

También he decidido quedarme con el amor...el odio es
una carga demasiado grande para soportar.

Martin Luther King Jr., "¿Hacia dónde vamos
desde aquí?"

La "Carta desde la cárcel de Birmingham" de Martin Luther King, Jr., incluye una oración que dice: "La injusticia en cualquier parte es una amenaza para la justicia en todas partes". La única forma en la que podemos superar la injusticia y la desigualdad es aprender a amar como Jesús ama. Durante siglos, distintas razas y culturas han luchado unas contra otras, así como vemos en este mundo actual. Lo que estamos viviendo en el presente no es nuevo, sigue sucediendo entre los distintos grupos de personas, en diversos casos.

En los tiempos de Jesús, los judíos odiaban a los gentiles. Esto significaba que odiaban a mucha gente, pues el término gentil se daba a cualquier persona que no fuera parte de la nación o grupo judío. Los judíos pensaban que ellos eran mejor que cualquiera porque eran el pueblo escogido de Dios. El propósito de Dios al escogerlos no era que fueran orgullosos y que se pensaran superiores que otros pueblos. Los escogió para trabajar en ellos, con el objetivo de esparcir el evangelio a toda criatura.

Cuando Jesús vino a la tierra, resolvió las diferencias de clase de una vez por todas. El apóstol Pablo escribe: "Ya no hay judío ni griego, esclavo ni libre, hombre ni mujer, sino que todos ustedes son uno solo en Cristo Jesús" (Gálatas 3:28).

Toda la raza humana es parte de la creación de Dios. En Hechos 17:25-28 vemos que Dios fue el creador de todas las razas y naciones, todos somos "de una sangre" (v. 26 RVR1960) para sus propósitos. Dios nos creó a cada uno. No elegimos en qué parte del mundo íbamos a nacer, ni la raza ni el color de piel.

> Toda la raza humana es parte de la creación de Dios.

Jesús no era un hombre blanco como podemos ver en las imágenes que se nos presentan con frecuencia. Basándonos en el lugar donde nació, es probable que tuviera ojos cafés, cabello oscuro entre café o negro y piel color oliva. Cuando vino a la tierra, no eligió lo más popular. El apóstol Pedro fue enfático en esto al decir que: "Dios no hace acepción de personas" (Hechos 10:34 RVR1960). Él ama a todos y por ello, todo aquel que se acerque a Jesús, será tratado con igualdad. Las promesas de Dios se han hecho para "el que quiera" (Apocalipsis 22:17 RVR1960), o el término que indique "cualquier" persona como lo incluyan las traducciones contemporáneas de la Biblia, lo que significa que sus promesas están disponibles para todo aquel que clame su nombre.

El llamado universal de Dios a quien quiera

El llamado del evangelio siempre ha sido el mismo, desde Adán y Eva después de que pecaron, hasta Abraham, Moisés, Malaquías, usted y yo, y a toda persona con vida.

> "Los cielos declaran la gloria de Dios y proclaman su sabiduría, poder y bondad, por ello, todos los hombres impíos quedan sin pretexto alguno".
> "Toda persona puede acercarse", BibleTruths.org

Estos son algunos pasajes que reflejan quién es quien quiera:

Porque todo aquel que invocare el nombre del Señor, será salvo.

Romanos 10:13 RVR1960

Todo aquel que confiese que Jesús es el Hijo de Dios, Dios permanece en él, y él en Dios.

1 Juan 4:15 RVR1960

Porque de tal manera amó Dios al mundo, que ha dado a su Hijo unigénito, para que todo aquel que en él cree, no se pierda, mas tenga vida eterna.

Juan 3:16 RVR1960

Le dijo Jesús: Yo soy la resurrección y la vida; el que cree en mí, aunque esté muerto, vivirá. Y todo aquel que vive y cree en mí, no morirá eternamente. ¿Crees esto?

Juan 11:25–26 RVR1960

Cada uno de nosotros encaja en la categoría de "quien quiera". Significa que tendremos la misma oportunidad de salvación y de relación personal con Dios por medio de Cristo. Todos tenemos la misma oportunidad de ir al cielo. Es nuestra elección.

La división racial

La división racial a la que nos enfrentamos hoy no es nueva. No soy experta en guerras, pero sé que muchas se han llevado a cabo por el problema de la raza. Podemos incluir muchas guerras, pero también se incluyen las diferentes batallas entre los colonizadores, las tropas estadounidenses y los nativos americanos que duraron mucho tiempo, las múltiples guerras en el Medio Oriente y las que se dieron entre las diferentes tribus de África, inclusive el genocidio de Ruanda que mencioné en unos capítulos antes. Tal vez una de las guerras mejor conocidas por el tema de la raza fue la Segunda Guerra Mundial. Durante este conflicto, Adolfo Hitler de Alemania, mostró su odio racial y se encargó de asesinar a seis millones de judíos.

Además, la esclavitud en todo el mundo ha sido una injusticia terrible. Sabemos que este fue el punto que dividió a los bandos de la guerra civil en Estados Unidos. Unos 750 000 hombres murieron en esa guerra. Me encantaría poder regresar el tiempo y deshacer todo eso, pero es imposible, y por eso, espero que podamos encontrar una forma de seguir adelante sin que se tenga que involucrar odio, resentimiento, división ni violencia. Si vivimos a la manera de Dios, que es la manera del amor, podemos encontrar paz y tener nuevos inicios.

Si pudiéramos apartar tiempo para el estudio de estas guerras, podríamos ver que la guerra nunca resuelve los problemas. El odio no puede destruir

> Solo el amor puede conquistar el mal.

el odio, el mal no puede destruir el mal. Solo el amor puede conquistar el mal y solo el bien puede superarlo.

La paz y el amor pueden llevarnos a la victoria

Martin Luther King Jr., creía que solo el amor podía sanar la división racial. Mahatma Gandhi, un líder que al final tuvo éxito en establecer a la India como una nación libre del régimen inglés, creyó que solo el amor podría superar al odio. Expresó: "El débil nunca puede perdonar. El perdón es un atributo de los fuertes". También dijo: "De una manera suave puedes sacudir al mundo".

Tanto Martin Luther King Jr., como Mahatma Gandhi pelearon por la injusticia, pero ninguno de ellos usó la violencia. Ambos creían que el amor todo lo conquista.

Nelson Mandela fue otro gran hombre que también luchó por traer paz a una Sudáfrica totalmente fragmentada por el tema racial. Thomas Ashe dijo: "El nombre de Mandela es sinónimo de perdón y será recordado por haber vivido y muerto amando y perdonando. Mandela dijo 'el perdón libera el alma, expulse el miedo'". Fue un instrumento útil para traer la paz a Sudáfrica. Luchó por la igualdad y poner un fin a la segregación racial, para después compartir el Premio Nobel de la Paz con Frederik Willem de Klerk en 1993.

¿Puede ampliar su círculo de inclusión?

¿A quién incluye y a quién excluye en su vida? Solemos excluir a aquellos que no son como nosotros, pero son las mismas personas que Jesús quiere que alcancemos. En el Antiguo Testamento, Dios les dijo a los israelitas que amaran al extranjero que vivieran entre ellos (Levítico 19:34; Deuteronomio 10:19) y en el Nuevo Testamento se nos pide que "practiquemos la hospitalidad entre ustedes sin quejarse" (1 Pedro 4:9).

En nuestra sociedad, tratamos de alejarnos más y más uno del otro y no creo que sea bueno. Actualmente, en Estados Unidos podemos vivir a la par de alguien durante diez años sin saber su nombre. Tratamos de aislarnos y con las redes sociales, todo está peor, pues podemos enviar mensajes e imágenes a otras personas, sin que tengamos que verlas en persona.

Gran parte de la comunicación se conforma del lenguaje corporal y los tonos de la voz, no solo en las palabras. Leí en algunos artículos de expertos que la comunicación deja de ser oral entre el 73 y el 93 por ciento. Creo que, cuando es posible, deberíamos hablar con otros cara a cara. Sin embargo, si no es posible, las redes sociales y los mensajes de texto son buenas opciones, en especial para mensajes rápidos como "te veo más tarde para ir a almorzar" o "lo siento, voy cinco minutos tarde". Las redes sociales también son efectivas para responder a las preguntas que otras personas hagan en las plataformas de redes sociales, siempre que la respuesta no sea muy extensa o complicada. Las redes sociales y los mensajes de texto no son los mejores lugares para tratar de convencer a alguien de que necesita corregir algo.

Quiero animarlo a tratar de ser amigable con todo tipo de personas. Solo con saludar o sonreír ya trasmite aceptación, algo que todos deseamos. Acepto que, en el pasado, solía evitar a la gente que era extremadamente diferente a mí. Una vez estaba en una cafetería y la chica del mostrador tenía un cabello tricolor y perforaciones en todos los lugares posibles, así también, tenía una gran cantidad de tatuajes. Sin siquiera pensar en lo que estaba haciendo, busqué a otra persona para que me atendiera. Alguien que estaba conmigo ese día se acercó a la chica y le dijo: "Me encanta tu cabello, ¿cómo lo logras?". Mi amiga empezó una conversación y ella y me di cuenta de que yo estaba actuando mal al tratar de evitarla. Jesús no hubiera actuado de esa manera.

> *Trate de ser amigable con todo tipo de personas.*

Jesús ama a todos

Cuando Jesús anduvo en la tierra mostró su amor a todos. El apóstol Pedro escribe: "Ahora comprendo que en realidad para Dios no hay favoritismos, sino que en toda nación él ve con agrado a los que le temen y actúan con justicia" (Hechos 10:34-35). Jesús estaba disponible para todos lo que creyeran en Él.

Los judíos y los gentiles se odiaban entre ellos, pero Jesús derribó el muro que los dividía: "Porque Cristo es nuestra paz: de los dos pueblos ha hecho uno solo, derribando mediante su sacrificio el muro de enemistad que nos separaba" (Efesios 2:14). Jesús puede hacer lo mismo por nosotros hoy si se lo permitimos. Puede destruir la barrera entre dos personas, dos naciones y dos razas. Vino a la tierra a traer paz.

Santiago 2:8-9 nos enseña que el amor no muestra favoritismo: "Hacen muy bien si de veras cumplen la ley suprema de la Escritura: 'Ama a tu prójimo como a ti mismo'; pero, si muestran algún favoritismo, pecan y son culpables, pues la misma ley los acusa de ser transgresores".

Santiago también nos anima a que tratemos a todos con igualdad y nos dice que no tratemos mejor a los ricos que a los pobres:

> Hermanos míos, la fe que tienen en nuestro glorioso Señor Jesucristo no debe dar lugar a favoritismos. Supongamos que en el lugar donde se reúnen entra un hombre con anillo de oro y ropa elegante, y entra también un pobre desarrapado. Si atienden bien al que lleva ropa elegante y le dicen: "siéntese usted aquí, en este lugar cómodo", pero al pobre le dicen: "quédate ahí de pie" o "siéntate en el suelo, a mis pies", ¿acaso no hacen discriminación entre ustedes, juzgando con malas intenciones?
>
> Santiago 2:1–4

Dios no tiene favoritos, todos lo somos. Somos especiales para él y nos tiene un cariño especial a cada uno. Sin importar quién es usted, es precioso ante sus ojos.

Debemos ampliar nuestro círculo de inclusión.

Amar a los demás es demandante. Requiere que tomemos algunas acciones con las que tal vez no nos sintamos cómodos, pero debemos ampliar nuestro círculo de inclusión.

No puede amar a Dios y odiar a las personas

En 1 Juan 4:20 encontramos que, si decimos que amamos a Dios, pero que odiamos a nuestros hermanos en Cristo, mentimos, porque no podemos amar a Dios y no amar a su pueblo. En este versículo, Juan pregunta cómo podemos amar a Dios a quien no vemos, si no podemos amar a quienes sí vemos.

Hace mucho tiempo aprendí que Dios no toma a la ligera los malos tratos que hacemos a otros. No es algo vano o insignificante para Dios. Jesús vino a la tierra, vivió y murió por su pueblo y somos de su máximo interés. Cada uno tiene oportunidades múltiples para ayudar a toda persona con la que guarde comunicación para que se sienta mejor, es algo que no debemos olvidar. ¿Acepta el desafío de intentar que aquellas personas con las que se relaciona en un día se sientan más valiosas después de haberlo visto? Haga una comparación entre antes y después de haberlo visto. Esto se puede lograr con un pequeño cumplido o incluso con una sonrisa y un gracias.

Jesús hace una mención especial por los pobres, las viudas, los huérfanos, los oprimidos y los solitarios. Deberíamos tener más cuidado y ser más amables con las personas en estas situaciones. La Biblia incluye muchos pasajes hermosos que hablan de cómo tratar a los pobres, como el que dice: "El que oprime al pobre afrenta a su Hacedor; mas el que tiene misericordia del pobre, lo honra" (Proverbios 14:31 RVR1960). Si ayudamos al pobre, Dios promete ayudarnos en el "día de la desgracia" (Salmo 41:1).

Debemos tratar a todos de la mejor forma posible. Cuando usted contrata personal que estarán bajo su dirección, es importante que los trate bien. Págueles lo debido y muestre respeto por cada uno.

Todos tenemos relaciones cercanas con algunos, más que con otros. Incluso Jesús parecía estar más cerca de Pedro, Santiago y Juan, y de esos tres, Juan parecía tener un lugar especial en el corazón de Jesús. De hecho, el mismo Juan se llamó "el discípulo a quien Jesús amaba" (Juan 21:7).

No deberíamos tratar a otros de forma que los haga sentirse desvalorizados e insignificantes. Creo que es importante esforzarse en mostrar aprecio a las personas que siempre están ahí y por las que damos por sentada su presencia (personas que trabajan en la guardería de la iglesia, que limpian las oficinas en su trabajo y la gente que pareciera tener puestos irrelevantes, pero que son esenciales para que todo lo demás funcione como se debe).

> No te aproveches del empleado pobre y necesitado, sea este un compatriota israelita o un extranjero. Le pagarás su jornal cada día, antes de la puesta del sol, porque es pobre y cuenta solo con ese dinero. De lo contrario, él clamará al Señor contra ti y tú resultarás convicto de pecado.
>
> Deuteronomio 24:14–15

Dios quiere personas que tengan más que otros para usar lo que tienen para ayudar a quienes no tienen mucho. También quiere que nosotros hagamos todo lo posible para ayudarlos a sentirse valiosos y amados.

En la historia del buen samaritano (Lucas 10:30-35), dos hombres judíos (un sacerdote y un levita) vieron al hombre golpeado que yacía a la orilla del camino y se desviaron al otro lado para evitar ayudarlo.

> Dios quiere personas que ayuden a quienes no tienen mucho.

Después pasó un samaritano. Recuerde, los judíos veían por debajo del hombro a los samaritanos y existía gran discordia entre los dos grupos. Sin embargo, usted recordará que este samaritano se aseguró de que cuidaran bien al hombre. Jesús preguntó: "¿Cuál de estos tres piensas que demostró ser el prójimo del que cayó en manos de los ladrones?" (Lucas 10:36). Mi punto al resaltar esta historia otra vez es que el samaritano no permitió que la hostilidad entre su grupo y los judíos fuera un inconveniente para ayudar a un prójimo que estaba en necesidad.

Dejamos de mostrar amor a los demás cuando somos religiosos, ni tampoco lo mostramos solo con asistir a la iglesia. Mostramos amor por la forma en la que tratamos a los demás, en especial a quienes están en necesidad. La Biblia dice: "La religión pura y sin mancha delante de Dios nuestro Padre es esta: atender a los huérfanos y a las viudas en sus aflicciones, y conservarse limpio de la corrupción del mundo" (Santiago 1:27).

Nuestro valor no se mide por lo que poseemos

Las personas con poder adquisitivo podrían sentirse muy importantes al estar alrededor de personas pobres, pero este tipo de actitud solo muestra que el rico puede ser pobre cuando se trata de asuntos importantes. De forma similar, las personas con mucha inteligencia se podrían sentir muy bien al pasar tiempo con aquellos que apenas acabaron la secundaria. De la misma forma, una persona que tiene muchos talentos podría subestimar a alguien que pareciera no tener mucho talento. Estas actitudes muestran que estas personas no logran entender lo que es importante para Dios. Para Él, nuestro valor no se mide por la cantidad de dinero que tengamos, ni por las posesiones, tampoco por el intelecto o la educación, ni por los dones o talentos, ni por ninguna otra capacidad o adorno que tengamos. Dios ve el corazón. Amarlo y amar a los demás es lo que más le importa a Dios.

Dios no usa el mismo método para medir que el que usa la

gente. Todos somos iguales ante Él. No ve a una persona como más importante que otra. Él se reúne con nosotros en donde estemos y nos ama hasta la plenitud. Hagamos lo posible de tratar a todos como personas especiales, porque Dios nos creó a todos y cada uno es especial para Él. Una de las mejores maneras en las que podemos servir a Dios es siendo buenos con su pueblo.

PARTE 4

El amor de Dios triunfa por encima de todo lo demás

CAPÍTULO 16

"¡Es demasiado difícil!"

Nuestra debilidad más grande está en rendirnos. La manera más segura de triunfar siempre es intentarlo una vez más.

Thomas Edison

Algo que he escuchado probablemente más que cualquier otra afirmación, en lo que se refiere a amar a la gente que es muy difícil de amar o perdonar a alguien que lo ha lastimado, es "¡sencillamente, es muy difícil!". Esto no puede ser cierto porque Dios nunca nos mandará hacer algo que es demasiado difícil de hacer. Algunas cosas podrían ser difíciles, pero no son *muy* difíciles. Yo creo que Dios unge (faculta) a su pueblo para hacer cosas difíciles a veces. Él nos acompaña y ayuda a hacer cualquier cosa que Él nos pide que hagamos. Si creemos que es demasiado difícil, nos hemos dado por vencidos incluso antes de haberlo intentado. Pero si creemos que, con la ayuda de Dios, podemos hacer todo lo que debemos hacer, entonces, estamos bien encarrilados en el camino al éxito. Todo lo que queda es solo poner en acción lo que necesitamos hacer. La Palabra de Dios nos dice que nada de lo que Dios nos manda a hacer es muy difícil: "Este mandamiento que yo te ordeno hoy no es muy difícil para ti, ni está fuera de tu alcance" (Deuteronomio 30:11 LBLA).

El apóstol Pablo escribe: "Todo lo puedo en Cristo que me fortalece" (Filipenses 4:13 LBLA). La versión *Palabra de Dios para Todos* lo dice de esta forma: "Puedo enfrentar cualquier situación porque Cristo me da el poder para hacerlo". Si nos entrenamos a nosotros mismos para pensar que todo lo podemos en Cristo que nos fortalece, encontraremos que nada de lo que Dios nos pida hacer es muy difícil. Pensar que algo es muy difícil es lo que lo hace verdaderamente difícil.

> Pensar que algo es muy difícil es lo que lo hace verdaderamente difícil.

Hay algunas cosas que no solo son muy difíciles, la Biblia nos dice que son imposibles. Jesús dice: «Lo que es imposible para los seres humanos es posible para Dios» (Lucas 18:27 NTV).

El engaño de las excusas

Cuando Dios nos manda hacer algo y decimos: "Es muy difícil", estamos presentando una excusa, y las excusas son engañosas. Una vez escuché que la excusa es "una razón rellena de mentira", y yo estoy de acuerdo con eso.

En el capítulo 10, hablamos de no criticar ni juzgar a los demás ni esparcir chismes acerca de ellos. También hablamos sobre no dar opiniones sin más base que lo que nosotros pensamos. Y encontramos en Romanos 2:1 esta exhortación: "Tal vez crees que puedes condenar a tales individuos, pero tu maldad es igual que la de ellos, ¡y no tienes ninguna excusa! Cuando dices que son perversos y merecen ser castigados, te condenas a ti mismo porque tú, que juzgas a otros, también practicas las mismas cosas".

Cuando leemos por primera vez Romanos 2:1, podríamos pensar: *No puede ser, yo no hago lo que ellos hacen*. Sin embargo, si somos sinceros y dejamos de presentar excusas por nuestra conducta, encontramos que la Palabra de Dios tiene razón, como siempre. Vemos a los demás a través de un lente de aumento, lo cual enfatiza sus faltas; pero presentamos excusas por nosotros y vemos nuestra conducta a través de lentes de color rosa que hacen que todo se vea bonito.

Jesús pregunta: "¿Cómo puedes pensar en decirle a tu amigo: 'Déjame ayudarte a sacar la astilla de tu ojo', cuando tú no puedes ver más allá del tronco que está en tu propio ojo?" (Mateo 7:4). Es sorprendente la frecuencia con la que nos enfocamos en las faltas de los demás y fallamos en ver las nuestras. La mayoría de las veces pienso que se debe a que encontramos fácilmente una excusa para nuestras faltas; pero, claro está, no vemos ninguna excusa en lo que hacen los demás.

Nuestras excusas nos engañan, y cuando nos engañan, creemos mentiras. El diablo quiere que nos mantengamos ocupados, enfocándonos en las faltas de los demás en lugar de amarlos, mientras que, al mismo tiempo, estamos ciegos ante nuestras propias faltas no sea que nos arrepintamos y permitamos que Dios nos cambie.

¿Cuál es su excusa?

Entren por la puerta estrecha, porque ancha es la puerta y amplia es la senda que lleva a la perdición, y muchos son los que entran por ella. Pero estrecha es la puerta y angosta la senda que lleva a la vida, y pocos son los que la hallan.

Mateo 7:13-14 LBLA

Como puede ver en estos versículos, Jesús ha puesto dos caminos frente a nosotros para que vayamos por la vida, y tenemos que escoger uno de ellos. Él nos ofrece el sendero angosto, el cual, aunque está "contraído a presión" lleva a la vida. Además, Él nos ofrece un camino ancho que es más fácil de transitar, pero que lleva a la destrucción. Nuestra tentación es tomar el camino fácil, pero no es el mejor camino. Esto podría ser un lugar donde mucha gente podría usar la excusa "sencillamente, es muy difícil".

Es interesante que el camino angosto, el que lleva a la vida, incluye presión. Esto se debe a que el diablo hará cualquier cosa a su alcance para evitar que tomemos el camino que lleva a una vida que podamos disfrutar. Observe que unos pocos toman el camino angosto, pero muchos, el camino ancho; y estoy segura de que no se dan cuenta de que ese camino los llevará a la destrucción, aunque ya hayan sido advertidos.

> No debemos vivir solo del momento, porque este pasa en un abrir y cerrar de ojos.

Si optamos por hacer lo difícil ahora, recogeremos una cosecha abundante (el fruto o los resultados de nuestras decisiones) en la eternidad. Sin embargo, si tomamos el camino fácil ahora, tendremos destrucción y miseria en la eternidad. Debemos empezar ahora a vivir para la eternidad. No debemos vivir solo del momento, porque este pasa en un abrir y cerrar de ojos, y nos deja con las consecuencias y resultados de las decisiones que tomamos al andar en él.

Empiece por escucharse a sí mismo y pídale a Dios que le muestre cuando usted esté presentando una excusa para no hacer lo correcto. La gente dice: "Yo sé que no debería, pero…"; "No debería comer esto, pero…"; "Sé que no debería comprar esto ahora, pero…". Muchas veces sabemos lo que Dios quiere que hagamos, pero presentamos excusas y hacemos otra cosa de todos modos. ¿Por qué nos sorprendemos cuando nuestra cosecha no es buena?

Jesús cuenta una parábola en Lucas 14:16-20 acerca de cómo permitimos que las excusas nos impidan experimentar lo bueno que Dios ha preparado para nosotros:

Cierto hombre dio una gran cena, e invitó a muchos. A la hora de la cena envió a su siervo a decir a los que habían sido invitados: "Vengan, porque ya todo está preparado". Pero todos a una comenzaron a excusarse. El primero le dijo: "He comprado un terreno y necesito ir a verlo; te ruego que me excuses". Otro dijo: "He comprado cinco yuntas de bueyes y voy a probarlos; te ruego que me excuses". También otro dijo: "Me he casado, y por eso no puedo ir".

En esta historia, todos los invitados tenían una excusa, ninguna de ellas fue lo suficientemente válida para perderse del gran banquete que habían preparado para ellos.

Jesús está preparando un gran banquete en el cielo para aquellos que han recorrido el camino angosto, y Él también tiene bendiciones terrenales guardadas para quienes andan obedientemente con Él. Así que asegúrese de no presentar excusas inútiles y perderse de las bendiciones que Dios tiene reservadas para usted mientras está en la tierra y cuando llegue al cielo. El Evangelio de Mateo habla repetidamente de banquetes y celebraciones presentes en el reino celestial (Mateo 8:11; 22:1–14; 25:1–13). Yo no quiero perdérmelos ¿y usted?

Ahora es el momento de tomar las decisiones correctas y creer que nada de lo que Dios nos dice que hagamos es muy difícil porque todas las cosas son posibles con Él (Mateo 19:26).

Maneras fáciles para amar a las personas

Ame a las personas con sus pensamientos

¿Cómo piensa en alguien que no es su persona favorita, alguien que lo irrita o que a usted le resulta difícil de amar? Nuestros pensamientos empiezan un proceso que nuestras palabras y acciones

llevan a cabo. Lo animo a disciplinarse para tener intencionalmente pensamientos buenos sobre las personas que lo desafían.

> Nuestros pensamientos empiezan un proceso que nuestras palabras y acciones llevan a cabo.

Encuentre al menos tres cualidades
en ellos que sean positivas, y piense
en esas cualidades. Ore por lo que lo
irrita, y recuerde que usted probablemente también irrita a alguien.

Precisamente en esta semana,
alguien me lastimó al acusarme de cosas que no eran como ella
creía. Ella no conocía la historia completa y asumió que no eran
ciertas. No traté de defenderme porque confío en que Dios lo hace
por mí, pero oro por ella a diario y recuerdo que ella tiene problemas que surgen de la niñez abusiva que tuvo y la que todavía no
está dispuesta a confrontar.

Deseo que nos volvamos más misericordiosos en nuestros pensamientos hacia los demás. Tener más misericordia haría que el
mundo fuera un lugar mucho mejor. Existen muchas razones para
mostrar misericordia. A continuación, algunas de ellas:

- Sea misericordioso porque Dios le instruye a que lo sea
  (Lucas 6:36).
- Sea misericordioso porque Dios lo es con usted (Hebreos
  4:15-16).
- Sea misericordioso para que su paz aumente (Judas 2).
- Sea misericordioso porque usted mismo necesitará miseri-
  cordia en el futuro (Mateo 5:7).

Cuando somos ásperos en nuestras opiniones y actitudes hacia
los demás nuestro corazón se endurece. Esto afecta adversamente
nuestra capacidad para escuchar a Dios y disfrutar su presencia. El Espíritu Santo es gentil como una paloma, y el enojo, la

discordia, la aspereza y el espíritu crítico lo ofenden. Ser generoso en todas las formas, incluyendo la misericordia, agranda su corazón. Cuando vive de esta manera, su capacidad para amar se agranda y esto complace a Dios.

> Ser generoso agranda su corazón.

Un pensamiento falto de amor y gentileza acerca de alguien puede llegar a su mente, pero eso no significa que usted esté obligado a meditar en él. Recuerde, el Espíritu Santo le da el poder para destruir "los argumentos y toda altivez que se levanta contra el conocimiento de Dios; llevamos cautivo todo pensamiento a la obediencia de Cristo" (2 Corintios 10:5 RVA-2015). Si empieza a tener pensamientos amables y amorosos hacia las personas, empezará a sentirse amable y amoroso hacia ellos. Pablo nos enseña que pensemos "en las cosas del cielo, no en las de la tierra" (Colosenses 3:2). La versión clásica de la *Amplified Bible* dice que nosotros no solo debemos fijar nuestra mente en las cosas del cielo, sino que "que las mantengamos firmes allí" (traducción). Pablo también escribe en Filipenses 4:8 una instrucción poderosa sobre la manera en que debemos pensar: "Por lo demás, hermanos, todo lo que es verdadero, todo lo digno, todo lo justo, todo lo puro, todo lo amable, todo lo honorable, si hay alguna virtud o algo que merece elogio, en esto meditad" (LBLA).

Ame a las personas con sus palabras

Podemos optar por decir algo agradable de la gente incluso si preferiríamos decir algo desagradable. La disciplina en nuestras palabras es una muestra de madurez espiritual; en cambio, hablar sin pensar en el peso o en el posible impacto de nuestras palabras es inmadurez. Podemos vencer al mal con el bien no solo en nuestras acciones, sino también con las palabras que decimos (Romanos 12:21). Hay muchos que dicen palabras que no son gratas ni amorosas acerca de los demás, y nosotros, como representantes de Dios, no debemos ser parte de ellos. Debemos vencer el mal por medio de palabras buenas. Las palabras tienen poder, y debemos llenar la atmósfera con poder positivo a dondequiera que vayamos.

> Opte por decir algo agradable de la gente.

Las palabras que decimos tienen un gran impacto para determinar nuestro nivel de gozo. Las palabras negativas, ásperas, de crítica o difamación dejan un pesar en nuestro espíritu y dificultan que tengamos gozo. Por el contrario, las palabras positivas, hermosas, amorosas nos llenan de gozo. Muchas veces la gente dice: "Quisiera tener más gozo" o "desearía tener más paz", pero nadie recibe gozo solamente porque lo desea. No obstante, tenemos la capacidad para crear tanto el gozo como la paz en nuestra vida cuando tenemos y usamos la mente de Cristo (1 Corintios 2:16), y cuando usamos nuestras palabras para decirles palabras positivas y motivantes a las personas, a nosotros mismos y a nuestro futuro.

Ame a los demás con sus oraciones

Yo aprecio profundamente a las personas que oran por mí. La oración es una de las fuerzas más poderosas sobre la tierra. A través de ella, tenemos el privilegio de ser invitados a la presencia de Dios en todo momento y pedir por cualquier cosa que esté de acuerdo con la voluntad de Él. La Biblia dice que bendigamos y oremos por nuestros enemigos (Lucas 6:27-28). Por lo tanto, una manera en que podemos amar a las personas que son muy difíciles de amar para nosotros es orar por ellas.

Solo imagine cuánto se enoja el diablo cuando él se esfuerza en que nosotros odiemos a alguien y nosotros, en vez de hacerlo, oramos por ellos y por nosotros pidiéndole a Dios que nos dé la capacidad para mostrarles amor a ellos. El diablo es nuestro enemigo, y nosotros somos soldados del ejército de Dios, por lo tanto, debemos aprender a pelear con amor para que podamos ganar las batallas espirituales que enfrentemos.

Haga un listado de todas las personas que lo irritan, que han lastimado sus sentimientos o que lo han ofendido y que son difíciles de amar para usted. Haga el compromiso de orar por ellas diariamente. Es difícil orar por alguien y seguir teniendo sentimientos enfermizos hacia esa persona. Deje que Dios cambie primero su corazón, y

> Ore diariamente por todas las personas que son difíciles de amar para usted.

luego, quizás, Él cambiará a la persona que a usted le parece que es difícil de amar.

Ame a la gente con sus bienes materiales

No conozco a nadie que no disfrute recibir un regalo. Una manera de repeler al diablo cuando trata de hacer que usted no ame a alguien es hacer cosas por esa persona. Cómprele un regalo, dele una tarjeta de regalo prepagada o ayúdelos de alguna manera práctica. Es posible que no tenga ganas de hacer algo así, pero puede hacerlo deliberadamente, y su acción de amor destruirá el poder del enemigo. En más de una ocasión, Dios me guio a darle algo mío y que era muy especial para mí a alguien que me había lastimado o alguien que había hablado mal de mí, y puedo testificar que el hacerlo destruyó el poder de la amargura y la ofensa y me liberó. La generosidad tiene mucho poder y vence al enemigo. Las personas generosas son bendecidas.

A continuación, incluyo algunas de las promesas de la Palabra de Dios para quienes son generosos:

- Los generosos son bendecidos (Proverbios 22:9).
- Dios los librará en el día del mal (Salmo 41:1).
- Él los protege y los mantiene con vida (Salmo 41:2).
- Lo que den a otros les será devuelto multiplicado (Lucas 6:38).
- Los generosos le prestan al Señor, y Él les dará una recompensa (Proverbios 19:17).
- Jesús dice que "hay más bendición en dar que en recibir" (Hechos 20:35).

En lo personal, creo que ser generoso es una de las mejores y más sabias cosas que ayudan al bienestar de los demás y de nosotros mismos. Creo que los generosos son personas alegres, y que ellos ponen una sonrisa en el rostro de Dios. Si todavía tiene preguntas acerca de darle a quienes son difíciles de amar, recuerde que Dios dice que el sol brilla sobre el justo y sobre el injusto (Mateo 5:45), y la bondad de Dios lleva a la gente al arrepentimiento (Romanos 2:4). Si fuera bueno con sus enemigos, aun cuando no lo merezcan, usted podría verlos arrepintiéndose.

Quizá no sea tan difícil después de todo

Espero que, al haber leído este capítulo, se haya dado cuenta de que amar a la gente no es tan difícil como parece. Incluso cuando son difíciles de amar, usted puede amarlos en formas que son fáciles. Pensar amorosamente es fácil. Hacer una oración es fácil. Dar bienes materiales podría requerir un poquito más de esfuerzo, pero Dios siempre nos da la gracia para hacer lo que Él quiere que hagamos si estamos dispuestos a hacerlo.

Es importante creer que con la ayuda de Dios usted puede amar a las personas que son muy difíciles de amar. El éxito en cualquier área empieza con pensar correctamente. Mientras pensemos: *No puedo hacerlo; es sencillamente muy difícil,* no podremos hacerlo. Deje de pensar que es muy difícil y empiece a pensar: *Puedo hacer lo que sea que Dios me pida que haga.*

CAPÍTULO 17

Por amor a Dios

Una prueba de su amor por Dios es examinar su amor por los demás.

Henry Blackaby, *Experiencing God Day by Day*
[Mi experiencia con Dios día a día]

¿Ama usted a Dios?

La prueba de nuestro amor por Él requiere más que solo palabras. Jesús dice que, si lo amamos, obedeceremos (Juan 14:15). Él no dijo que, si lo obedecíamos, Él nos amaría; Él dijo que Él nos amó y murió por nosotros cuando aún éramos pecadores (Romanos 5:8). Sin embargo, nuestro amor por Él producirá obediencia.

> *Una prueba de nuestro amor por Dios es nuestro amor por los demás.*

La cita que abre este capítulo dice que una de las pruebas de nuestro amor por Dios es nuestro amor por los demás. Este es un pensamiento aleccionador. Podemos amar a quienes nos aman, lo cual requiere poco esfuerzo o disciplina, pero amar a quienes son muy difíciles de amar, y que probablemente no somos correspondidos, es algo completamente aparte. Este pasaje de la Biblia lo dice todo:

> Si solo aman a quienes los aman a ustedes, ¿qué mérito tienen? ¡Hasta los pecadores aman a quienes los aman

a ellos! Y si solo hacen bien a los que son buenos con ustedes, ¿qué mérito tienen? ¡Hasta los pecadores hacen eso! Y si prestan dinero solamente a quienes pueden devolverlo, ¿qué mérito tienen? Hasta los pecadores prestan a otros pecadores a cambio de un reembolso completo.

¡Amen a sus enemigos! Háganles bien. Presten sin esperar nada a cambio. Entonces su recompensa del cielo será grande, y se estarán comportando verdaderamente como hijos del Altísimo, pues él es bondadoso con los que son desagradecidos y perversos. Deben ser compasivos, así como su Padre es compasivo.

Lucas 6:32–36

Siempre que hacemos algo por alguien y esperamos que nos lo pague, lo que les estamos dando no es un regalo, sino más bien un soborno (un regalo, dinero o un favor que se da para obtener algo de la otra persona). Si usted le hace un bien a una persona y esta le hace un bien a usted, está bien; a menos que usted lo haya hecho con el propósito de que se lo devolviera.

A veces, muchos piensan que están siendo generosos y amables, pero se enojan cuando la persona a quien le extendieron bondad no les devuelve el supuesto favor. En ese caso, el favor realmente no era tal cosa, porque un favor no puede ganarse ni merecerse.

Los pasajes bíblicos como Lucas 6:32-36 son importantes porque nos ayudan a pensar acerca del porqué hacemos lo que hacemos. ¿Qué nos motiva a hacer un bien? ¿Se ofende cuando hace algo por alguien y esa persona no hace nada por usted?

> *Dios espera que nosotros hagamos más que la gente que no lo conoce.*

¿Qué tal si lo invita a su fiesta, pero después, cuando tiene una fiesta, no lo invita a usted? ¿Qué tal si le compra un regalo muy caro de cumpleaños o de Navidad, y esa persona le compra a usted algo tan barato que usted piensa que no se esforzó en escogerlo? ¿De qué manera le impacta eso? O, ¿qué pasa si no le compran ningún regalo? ¿Está dispuesto a seguir tratándola bien solo porque es lo correcto, y a confiar en que Dios tendrá cuidado de usted?

Si fuera a recibir una herencia de un familiar y tuviera que diezmar una gran cantidad de ese dinero para su iglesia, ¿esperaría que el pastor de diera un trato especial como resultado de eso? ¿O se lo daría al Señor sin esperar nada a cambio?

Dios espera que nosotros hagamos más de lo que haría la gente que no lo conoce, porque su Espíritu Santo vive en nosotros y nos capacita para ir más allá de lo que parece normal, fácil o merecido. Podemos actuar en una forma más excelente o ir la milla extra. Podemos amar a quienes son difíciles de amar. Podemos incluso amar a la gente que no tiene amor recíproco por nosotros. Lucas 6:35 nos dice que Dios es bueno con el malagradecido y el malvado, y nosotros también podemos ser buenos.

Muchas veces oramos rogando ser como Jesús. ¿Realmente queremos ser como él, o sencillamente lo decimos para parecer espirituales? ¿Alguna vez ha pensado realmente en cómo cambiaría su vida si fuera como Jesús? Tengo que admitir que yo no; pero, me siento animada a hacerlo después de haber leído Lucas 6:32-36. Esto no suena como una manera de vivir muy emocionante, pero en medio de estos versículos se encuentra una promesa que no queremos pasar por alto. Dice en el versículo 35 que, si vivimos de esta manera, "nuestra recompensa será grande". Nos encantan las recompensas, pero me inclino a pensar que probablemente nos perderemos de muchas que a Dios le gustaría darnos porque no somos obedientes a Él cuando el hacerlo es difícil.

El apóstol Pedro escribe algo que es mucho más difícil de querer hacer en comparación a lo que leemos en Lucas 6:

> Porque esto halla gracia, si por causa de la conciencia ante Dios, alguno sobrelleva penalidades sufriendo injustamente. Pues ¿qué mérito hay, si cuando pecáis y sois tratados con severidad lo soportáis con paciencia? Pero si cuando hacéis lo bueno sufrís por ello y lo soportáis con paciencia, esto halla gracia con Dios. Porque para este propósito habéis sido llamados, pues también Cristo sufrió por vosotros, dejándoos ejemplo para que sigáis sus pisadas.
>
> 1 Pedro 2:19-21, LBLA

Quiero dejar claro, desde el principio de nuestro enfoque en estos versículos, que no es nuestro sufrimiento inmerecido lo que complace a Dios. Es soportar el sufrimiento pacientemente lo que lo complace a Él porque esto nos hace parecernos más a Jesús.

Recuerdo la primera vez que escuché estos versículos mientras estaba escuchando un sermón grabado. Cuando escuché eso, se me había llamado a llevar una vida de soportar el sufrimiento injusto con una buena actitud, tengo que admitir que yo no estaba muy emocionada por eso. Primera de Pedro 1:19-21 es otro pasaje de la Biblia que deja en claro que vivir como Jesús vivió, ser como Él, requiere amar a quienes son muy difíciles de amar, amar a nuestros enemigos y a quienes nos tratan injustamente, y hacerlo con una buena actitud. Lea de nuevo el versículo 21: "Porque para este propósito habéis sido llamados, pues también Cristo sufrió por vosotros, dejándoos ejemplo para que sigáis sus pisadas". ¡Caramba! ¿Estamos listos para hacerlo? Deberíamos pensar largo y tendido antes de decir que sí.

Quiero mencionar de nuevo que Dios no requiere que permitamos que la gente abuse de nosotros, pero sí requiere que perdonemos a quienes nos lastiman. Es posible que deba mantenerse alejado de alguien que se ha vuelto peligroso para usted, pero todavía puede perdonar y orar por esa persona. No es necesario que esa persona le caiga bien para que usted la ame.

> No está obligado a que alguien le agrade para poder amarlo.

Recientemente perdoné a dos personas que me lastimaron y me decepcionaron. No me gusta la manera en que se están comportando. No me gusta el hecho de que no están siendo responsables por su conducta. Y no me caen bien en este momento; sin embargo, los amo con el amor de Cristo y oro por ellos diariamente. Los ayudaría si necesitaran la ayuda que puedo darles, y los bendeciría al no contarles a los demás lo que ellos han hecho. Podemos y debemos perdonar y amar a los demás en obediencia a Jesús (Mateo 18:21-22; Juan 13:34).

> Cuando alguien sabe que usted es cristiano, su conducta está bajo inspección.

Los discípulos pasaron tres años con Jesús para aprender la manera en que Él hacía las situaciones y ver, de primera mano, cómo las manejaba. Después de que Jesús resucitó y antes de ascender al cielo, les dijo que su deber era ir al mundo, igualar lo que habían aprendido de Él y enseñárselo a los demás (Mateo 28:6-7, 16-20). Al día de hoy, todavía estamos aprendiendo de los relatos que nos dejaron, pero la pregunta ante nosotros es ¿hasta dónde estamos dispuestos a ir? ¿Qué estamos dispuestos a hacer por amor a Dios?

Cuando alguien sabe que usted es cristiano, su conducta está bajo inspección. La gente quiere ver si usted es auténtico y si realmente pone en práctica en su vida diaria lo que dice creer.

Una persona puede impactar a muchos de manera positiva o negativa.

> Por uno solo que desobedeció a Dios, muchos pasaron a ser pecadores; pero por uno solo que obedeció a Dios, muchos serán declarados justos.
>
> Romanos 5:19

Tenemos una influencia mucho más grande unos sobre otros de lo que podemos pensar. El pecado entró en el mundo a través de un hombre, Adán, y la justicia vino a través de un hombre, Jesús. No se descalifique pensando que su conducta no importa mucho, porque sí tiene un efecto sobre las personas, y deberíamos tener presente que somos embajadores de Jesucristo. Somo sus representantes personales (2 Corintios 5:20).

Más amor = más obediencia

Yo creo que mientras más amamos a Dios, más obedientes seremos. Sé que en la medida en que he crecido en mi conocimiento de Dios y en mi amor por Él, también he crecido en mi obediencia a sus mandamientos.

¿Qué significa obedecer a Dios? Mary Fairchild escribe en *LearnReligions.org* que "según el *Diccionario bíblico ilustrado de Holman,* una definición breve de la obediencia bíblica es 'escuchar la Palabra de Dios y actuar como corresponde', y concluye que 'la obediencia bíblica a Dios significa escuchar, confiar, someterse y rendirse a Dios y a su Palabra'".

> *Saber que debemos perdonar a alguien y nos negamos a hacerlo, es pecado.*

Hoy en día tenemos disponible una abundancia de conocimiento, pero saber algo no necesariamente significa que estemos haciendo lo que sabemos que debemos hacer. La Palabra de Dios dice que saber lo que es correcto hacer y no hacerlo es pecado (Santiago 4:17). Si sabemos que deberíamos perdonar a alguien que nos ha lastimado y nos negamos a hacerlo, es pecado. Si sabemos que no deberíamos esparcir chismes, pero lo seguimos haciendo, es pecado.

El apóstol Pablo dice que él recibió misericordia por sus muchos pecados, porque él actuaba en ignorancia antes de hallar a Cristo (1 Timoteo 1:13). Muchas veces le digo a la gente que asiste a uno de mis seminarios que cuando se vayan serán responsables de más de lo que eran cuando llegaron, sencillamente porque serán responsables de lo que aprendieron. Creo que nunca es sabio entrar a un servicio eclesiástico o a un seminario a menos que ya haya tomado la decisión de que no solo escuchará, sino que podrá en *práctica,* con la ayuda de Dios, lo que ha aprendido; asumiendo, claro está, que la información recibida es correcta.

He crecido en mi conocimiento de la Palabra de Dios a lo largo de los años, y he crecido simultáneamente en mi obediencia a Dios. A medida que he crecido en mi amor por Jesús, también lo he hecho en mi obediencia a sus mandamientos. Con frecuencia, me he enfrentado a cosas que son muy difíciles de hacer, pero he descubierto que los hago única y exclusivamente porque amo a Jesús.

En Juan 21:15-19, Jesús le preguntó a Pedro tres veces si él lo amaba, y cada vez Pedro dijo que sí lo amaba. Jesús respondió: "Alimenta mis ovejas" (versículo 17). Pedro estaba triste porque el Señor le hizo la misma pregunta tres veces, pero quizá lo hizo porque es fácil decir que sí a algo sin considerar el costo de hacerlo verdaderamente. Jesús quería que Pedro supiera que amarlo a Él significaba servir a los demás y trabajar para el beneficio de ellos.

Cuando Jesús le preguntó a Pedro si lo amaba, Él usó la palabra *ágape*, que es el tipo de amor incondicional que Dios tiene por nosotros. Sin embargo, Pedro respondió con otra palabra que se usa para "amor", *phileo*, la palabra griega que se refiere al amor fraternal o el amor entre amigos. Al responder la pregunta de Jesús, Pedro dijo: "Sabes que yo te *phileo* a ti". Quizá Jesús estaba tratando de llevar a Pedro de *phileo* a *ágape*. Cuando se repite una pregunta o instrucción, se debe a que es importante que entendamos lo que realmente se dice. Jesús quería que Pedro entendiera que amarlo a Él significaría sacrificio. Muchas veces me pregunto si hoy día entendemos esto.

Más adelante, Jesús le dice a Pedro que cuando él era joven, hacía lo que le placía, pero cuando se volvió viejo otro lo llevaría a donde él no deseaba ir (Juan 21:18). Creo que esto significaba que cuando Pedro era un creyente joven, él andaba en su propia voluntad, pero a medida que maduraba en Cristo y su amor por Él crecía, se le pediría que hiciera cosas que no querría hacer de manera natural.

Las bendiciones de la obediencia

Cuando hacemos algo que es muy difícil de hacer, si además conocemos la recompensa que vendrá como resultado, eso nos ayuda. Saber que mantenerme fuerte, tener músculo en lugar de grasa y continuar usando la misma talla de ropa es la recompensa de hacer ejercicio me ayuda en los días en que realmente no quiero ejercitarme.

La espera de que llegue el día de pago nos ayuda a ir a trabajar un día tras otro. De igual manera, saber que la obediencia trae recompensa nos ayuda a continuar siendo obedientes cuando las cosa se dificultan. No deberíamos hacerlo por la recompensa, sino por nuestro amor por Jesús. Sin embargo, la Palabra de Dios nos dice que habrá recompensas por la obediencia. Estos son algunos versículos que nos dan esa promesa:

> Si obedeces al Señor tu Dios en todo y cumples cuidadosamente sus mandatos que te entrego hoy, el Señor tu Dios te pondrá por encima de todas las demás naciones del mundo.
>
> Deuteronomio 28:1

> Manténganse en el camino que el Señor su Dios les ordenó que siguieran. Entonces tendrán una vida larga y les irá bien en la tierra donde están a punto de entrar y que van a poseer.
>
> Deuteronomio 5:33

> Estudia constantemente este libro de instrucción. Medita en él de día y de noche para asegurarte de obedecer todo lo que allí está escrito. Solamente entonces prosperarás y te irá bien en todo lo que hagas.
>
> Josué 1:8

> ¡Qué feliz es el que teme al Señor, todo el que sigue sus caminos!
>
> Salmo 128:1

> Trabajen de buena gana en todo lo que hagan, como si fuera para el Señor y no para la gente. Recuerden que el Señor los recompensará con una herencia y que el Amo a quien sirven es Cristo.
>
> Colosenses 3:23-24

La obediencia prueba nuestro amor a Dios.

Dios también nos dice en varios lugares de su Palabra que, si le obedecemos en dar, eso volverá a nosotros multiplicado (Proverbios 22:9; Lucas 6:38; Hechos 20:35). Insisto, no recomiendo dar para recibir, pero todavía es bueno saber que dar produce una recompensa.

Dios quiere que esperemos ansiosamente las recompensas que Él ha reservado para nosotros. Algunas de ellas las recibimos aquí, en la tierra, y otras están reservadas para cuando lleguemos al cielo. Jesús dijo que Él vendrá pronto y su galardón con Él (Apocalipsis 22:12). Él también dijo que "recompensará a cada uno según su conducta" (Mateo 16:27 LBLA). La obediencia paga recompensas maravillosas y prueba nuestro amor a Dios.

CAPÍTULO 18

¿Qué es lo que sucede?

Pues la gracia de Dios ya ha sido revelada, la cual trae salvación a todas las personas. Y se nos instruye a que nos apartemos de la vida mundana y de los placeres pecaminosos. En este mundo maligno, debemos vivir con sabiduría, justicia y devoción a Dios.

Tito 2:11-12 NTV

Cerré el capítulo anterior con una sección sobre las bendiciones de obedecer la Palabra de Dios. Cuando obedecemos su Palabra, somos bendecidos; y cuando no, no somos bendecidos. Esto es así para nosotros en lo individual, y también lo es en el matrimonio, la familia, las naciones y en todo el mundo de hoy. El aprecio por la Palabra de Dios parece estar al nivel más bajo de todos los tiempos. Algunos son sencillamente ignorantes de lo que enseña, otros se burlan de ella y otros más son absolutamente hostiles hacia ella. Al pensar en lo que está sucediendo en el mundo hoy día, creo que estamos viendo las consecuencias de esta falta de respeto a la Palabra de Dios en muchas formas.

Piense, los valores morales están declinando rápidamente, pocos asisten a la iglesia y la integridad es algo que no mucha gente entiende. El honor y la fidelidad son rasgos de carácter que están desvaneciéndose. Muchas personas se llenaron de avaricia, egoísmo, rebelión y odiaron lo bueno (Romanos 1:28-31).

Los hechos violentos que sucedían de vez en cuando han

incrementado su frecuencia, el crimen está aumentando dramáticamente, abunda la perversión, los jóvenes están asesinando a otros jóvenes y a sí mismos, y las cosas malas que la gente no podría haber imaginado hace unos veinte o treinta años están sucediendo con regularidad.

Debemos preguntarnos: ¿Qué es exactamente lo que está sucediendo? ¿Por qué el mundo parece estar dando tumbos fuera de control y en una dirección negativa? Estamos en medio de una batalla espiritual campante entre lo bueno y lo malo, y muchas personas están optando por el mal. ¿Estamos viviendo lo que la Biblia llama "los últimos días o el final de los tiempos"? Si vemos las señales de los que la Biblia nos dice que debemos estar alertas (Marcos 13:4-13), definitivamente parecen estar predominando en la actualidad; sin embargo, Jesús es claro en cuando a su regreso "de aquel día y hora nadie sabe, ni siquiera los ángeles del cielo, ni el Hijo, sino solo el Padre" (Mateo 24:36 LBLA).

Pablo describe los últimos días en su segunda carta a Timoteo:

> Pero debes saber esto: que en los últimos días vendrán tiempos difíciles. Porque los hombres serán amadores de sí mismos, avaros, jactanciosos, soberbios, blasfemos, desobedientes a los padres, ingratos, irreverentes, sin amor, implacables, calumniadores, desenfrenados, salvajes, aborrecedores de lo bueno, traidores, impetuosos, envanecidos, amadores de los placeres en vez de amadores de Dios; teniendo apariencia de piedad, pero habiendo negado su poder; a los tales evita.
>
> 2 Timoteo 3:1-5 LBLA

Al leer estos versículos, siento que estoy viendo una imagen del mundo de hoy. Mateo 24:3-12 también nos da señales de los últimos tiempos, guerras y amenazas de guerras, hambre y

terremotos, odio, se traicionarán unos a otros y se odiarán, enga-
ñarán a mucha gente, y el amor de muchos se enfriará. Esto parece
malo, pero también hay una parte de buenas noticias. Mateo
24:13-14 dice que "el que persevere
hasta el fin, ese será salvo. Y este evangelio del reino se predicará en todo el
mundo como testimonio a todas las
naciones, y entonces vendrá el fin".

> Yo creo que las cosas
> buenas suceden en todo
> momento.

Mientras Satanás intenta desviarnos del camino correcto,
nosotros deberíamos hacer nuestro mejor esfuerzo y esparcir el
evangelio del reino en todas las formas que podamos. Las noticias
optimistas, alentadoras, son raras; sin embargo, todavía creo que
las cosas buenas suceden en todo momento. Solamente necesitamos estar comprometidos en esparcir la información positiva que
sabemos. Permítame animarlo a hablarle a la gente de Jesús, a apoyar financieramente ministerios que le están hablando a la gente
acerca de Jesús, y, de manera muy importante, sea un ejemplo del
amor, la paz y la gracia de Dios a dondequiera que vaya.

Las líneas están borrosas

Pablo le dijo a Timoteo que evitara tener una relación con la gente
que vive tal como él lo describe en 2 Timoteo 3:1-5. Aunque él le
advirtió a Timoteo que no interactuara con ese tipo de personas,
estoy segura de que él pasaba tiempo con los no creyentes y con la
gente malvada con el propósito de hablarles de la verdad. No podemos escondernos de toda la gente que necesita conocer a Jesús y
simplemente reunirnos en nuestros grupitos cristianos, criticando
y juzgando a quienes no son como nosotros. Pase tiempo con los
no creyentes en tanto usted sea una *influencia* para ellos y ellos no
lo *infecten* a usted. Hoy en día, las líneas entre aquellos que aman

a Dios y quieren que se haga la voluntad de Él, y de quienes están en contra de Dios están borrosas. No podemos parecernos tanto al mundo que la gente no pueda reconocer que le pertenecemos a Dios. Podemos y debemos ser buenos con la gente y hacerle bien a quien se pueda. Debemos ser gentiles, calmados, aguantadores y pacientes con los demás, tal y como nuestro Señor lo es con nosotros.

El consejo de Jesús para nosotros es estar en el mundo, pero no ser del mundo (Juan 17:11-17; Filipenses 2:15). No debemos conformarnos a este mundo, sino ser transformados por la renovación de nuestra mente según la Palabra de Dios (Romanos 12:2). Esto significa que debemos pensar y actuar de acuerdo con la Palabra de Dios y no según nuestros pensamientos, sentimientos y deseos egoístas.

Es el momento de que los creyentes en Jesucristo tomemos una posición, permitamos que nuestra luz brille y estar disponibles para que Dios nos use. Es el momento de florecer donde estamos plantados. Y, definitivamente, es el momento de que seamos obedientes a la Palabra de Dios sin importar cómo nos sintamos. Yo creo que Dios nos ha colocado a cada uno donde estamos por el propósito expreso de representarlo a Él ante el mundo que nos rodea. Dios tiene a su pueblo en todas partes, y los cristianos debemos dejar de escondernos y de temerle al rechazo cuando los demás se den cuenta de que creemos en Dios y lo amamos con todo nuestro corazón.

El lugar que Dios le ha dado a usted para trabajar para Él podría ser un vecindario, una escuela o una empresa. Cada uno tiene su propio púlpito, incluso si este fuera una barda en el traspatio o un escritorio en una oficina. No necesitamos estar detrás de un púlpito sobre una plataforma, pero sí necesitamos comportarnos como Dios quiere que lo hagamos.

La conducta piadosa predicará por nosotros si se lo permitimos. Pero como dije antes, las líneas entre el que es cristiano y el que no lo es están tan borrosas que se está volviendo muy difícil reconocer la diferencia. Esto se debe frecuentemente a que el pueblo de Dios tiene la tendencia a ceder porque quieren encajar y no ser ridiculizado ni rechazado. Ceder significa hacer un poco menos de lo que uno sabe que es lo correcto. Ese poquito es peligroso, porque muchas veces pensamos que un poquito no importa, pero con frecuencia son las pequeñeces lo que se acumula y arruina nuestra vida. Jesús no se preocupaba de encajar con la gente que lo rodeaba. Él parecía siempre sobresalir al ser diferente y hacer lo correcto, incluso cuando eso fuera poco popular.

> *Ceder significa hacer un poco menos de lo que uno sabe que es lo correcto.*

Como un ejemplo de cuán engañada está la gente, un conocido me habló de su amigo, quien es cristiano y están en proceso de divorcio. Mientras tanto, está viviendo con su novia. Él le sugirió a mi amigo que ellos ayunaban una vez por semana para desarrollar uno de los frutos del Espíritu (Gálatas 5:22-23). Entonces, tenemos a alguien que se hace llamar cristiano viviendo en pecado, y aun así pensando que Dios le prestará atención a su ayuno. Cuando le pregunté si él estaba consciente de que la persona vivía en pecado, él respondió "creo que Dios entiende".

Lo que este hombre no entiende es que él no puede reducir a Dios a su bajo nivel de vida, porque Dios nos ha llamado a subir más alto y ser como Jesús. Las parejas que viven juntas antes del matrimonio se han vuelto tan comunes que hacerlo es muchas veces recomendado y esperado. Algunos padres incluso sugieren que sus hijos, quienes están pensando en casarse, que vivan juntos por un tiempo para ver si se llevan bien con el cónyuge en prospecto.

Es importante que recordemos que solo porque la mayoría de la gente en el mundo actúa de ciertas maneras, eso no significa que su conducta sea correcta. Deberíamos siempre tomar la decisión por seguir lo que dice la Palabra de Dios y no el mundo.

En 2018, el *Journal of Marriage and Family* publicó un estudio con un hallazgo de alguna manera fatídico: Las parejas que vivieron juntas antes del matrimonio tenían un índice bajo de divorcio en su primer año de matrimonio, pero un índice de divorcio más alto después de cinco años.

Todavía hay muchísimas más personas que no viven juntos antes de casarse en comparación a los que sí lo hacen, y estoy muy agradecida por eso; sin embargo, el porcentaje de aquellos que cohabitan fuera el pacto matrimonial de Dios aumenta cada año. Si elegimos vivir según los mandamientos de Dios, nuestra vida será bendecida; y si no, no podemos esperar que Él nos bendiga.

También leí que el 95 % de la gente que se involucra en el sexo premarital, a pesar de que la Biblia prohíbe la inmoralidad sexual, la impureza y el libertinaje (Gálatas 5:19). Ya que el por ciento es alto, algunos de ustedes, quienes están leyendo este libro, caben dentro de esa estadística; sin embargo, por favor no se enojen ni tiren el libro. No lo digo para condenarlos, sino para que todos nosotros veamos algunas de las razones por las que nuestro mundo está en las condiciones actuales. Dios nos ama y nos perdona. Él se encuentra con nosotros dondequiera que estemos, pero no quiere que permanezcamos allí. Él quiere que crezcamos en lo espiritual y que tomemos buenas y mejores decisiones continuamente. No creo que cualquier factor esté causando los problemas, pero cada vez que nos alejamos de la Palabra de Dios, eso contribuye al problema y abre más puertas para que Satanás se esmere en que crezca la maldad en el mundo.

Recientemente, di un mensaje titulado "Cómo ser de Dios en

un mundo sin Dios", y hablé de los peligros de ceder moralmente y mezclarse con el mundo. Al final del mensaje, le dije a la audiencia que aquellos que tuvieran la necesidad de arrepentirse de tales cosas como la inmoralidad sexual, la mentira, el odio, los celos y otras conductas enfermizas podían pasar al frente a pedir oración. El lugar se llenó de gente. La multitud llegó hasta la tercera o cuarta fila de las sillas, y la mayoría eran cristianos. No digo esto con la intención de juzgar, sino con la preocupación y con el fin de que podamos todos ver la seriedad de nuestra condición y darnos cuenta de que necesitamos desesperadamente un cambio. Si usted va a ser cristiano, entonces sea un cristiano verdadero, no solo alguien que va a la iglesia los domingos y luego se comporta como el resto del mundo durante la semana.

Quizá algunas personas ignoran esto o, tal vez, recibieron el consejo equivocado. Afortunadamente, podemos ser perdonados de cualquier pecado, pero es mucho mejor evitar el pecado primero que necesitar perdón después. El pecado siempre puede ser perdonado, pero las consecuencias siempre estarán presentes.

Podemos consolarnos al decirnos que Dios comprende nuestro pecado. Pero, aunque así fuera, eso no significa que lo ignora y que pone su sello de aprobación en eso.

Otra cosa que me preocupa es el gran número de cristianos que tienen falta de perdón contra quienes los han lastimado, especialmente cuando la Biblia nos dice claramente que debemos perdonar libremente incluso de la manera en que Cristo nos ha perdonado (Colosenses 3:13). Permanecen enojados en vez de estar en paz, tienen hogares llenos de conflicto, aunque asistan fielmente a la iglesia, se divorcian de su cónyuge, aunque no tengan bases bíblicas para hacerlo, y actúan en maneras que no van de acuerdo con la Palabra de Dios.

Las buenas noticias

Aunque existen cristianos que ceden ante el mundo, también hay muchos cristianos comprometidos que son serios en cuanto a su relación con Dios y se esfuerzan incansablemente para amar y ayudar a las personas. Ellos hacen su mejor esfuerzo para llevar una vida piadosa; oran, se interesan por los demás, tienen compasión hacia los demás y permanecen firmes por lo que es correcto. Existen muchas iglesias maravillosas que están enseñando correctamente, pero es necesario que cada iglesia sea así. Necesitamos la carne fuerte de la Palabra de Dios para los tiempos en que vivimos, pero tristemente, algunos no quieren escucharlo. Buscan personas que prediquen lo que ellos *quieren* escuchar en vez de lo que *necesitan* escuchar. Según 2 Timoteo 4:3-4, esta es otra señal de los tiempos finales: "Llegará el tiempo en que la gente no escuchará más la sólida y sana enseñanza. Seguirán sus propios deseos y buscarán maestros que les digan lo que sus oídos se mueren por oír. Rechazarán la verdad e irán tras los mitos".

El remanente

Otra buena noticia es que Dios siempre tiene un remanente, una pequeña cantidad que queda, de personas con las que Él puede contar, y yo ruego que usted esté entre ellas. Elías pensó que era el único profeta que quedaba que amaba y obedecía a Dios, pero el Señor le dijo que Él tenía siete mil personas en Israel que no habían doblado su rodilla ante Baal (1 Reyes 19:18). Gracias a Dios por el remanente que queda en la tierra, aquellos que están comprometidos a hacer la voluntad de Dios.

Es mi ruego que usted sea una persona a quien Dios use en los días en que vivimos. Pregúntese si está más preocupado de la voluntad de Dios que de la propia. ¿Su corazón se quebranta con lo que quebranta el corazón de Dios? ¿Está dispuesto a sacrificarse para ser alguien a quien Dios pueda usar para cambiar al mundo y para ayudar a que las cosas vuelvan al camino correcto? Es bueno para todos nosotros, incluyéndome, hacer de vez en cuando un inventario personal y preguntarnos si todavía estamos nadando contra la corriente del mundo o si estamos simplemente flotando y dejándonos llevar por ella al igual que todos los demás, porque eso es más fácil que vivir según los caminos de Dios.

En este libro, me concentro extensivamente en el amor y la paz porque pienso que necesitamos amor y paz en el mundo, más que cualquier otra cosa. Los dos van juntos. No pueden estar separados. Se dice que fue William Gladstone, quien dijo: "Esperamos ansiosamente el momento cuando el **poder** del amor reemplace al **amor** por el poder. Entonces, nuestro mundo conocerá las bendiciones de la paz".

Desde el engaño de Satanás hasta la verdad de Dios

Otra historia que ilustra cuán lejos nos hemos apartado de la vida de santidad es esta: Una niña dulce y sincera llamó a nuestra oficina para hacer una pregunta. Ella dijo que algunas de sus amigas estaban haciendo cosas ilegales, y que, aun así, la vida de ellas era sorprendentemente bendecida, y que ellas le dijeron que sentían que la gracia de Dios las cubría. Su pregunta para nosotros era si eso era cierto o no. Claro está, nosotros le dijimos que no lo era, pero que sí representaba la manera

> Es mejor no tener y estar en la voluntad de Dios que tener muchas bendiciones materiales fuera de la voluntad de Él.

en que Satanás operaba. Él puede tentarnos para que hagamos lo malo y, luego, hacer arreglos para que seamos bendecidos a fin de que parezca que lo que hacemos está bien. Sin embargo, al final, llegará la hora de la verdad.

Es mejor no tener y estar en la voluntad de Dios que tener muchas bendiciones materiales fuera de la voluntad de Él.

La Palabra de Dios nos enseña: "No te inquietes a causa de los malvados ni tengas envidia de los que hacen lo malo. Pues como la hierba, pronto se desvanecen; como las flores de primavera, pronto se marchitan" (Salmo 37:1-2). Incluso en medio de las circunstancias negativas de nuestro mundo, también ya cosas buenas; y yo creo que Dios quiere que nosotros estemos gozosos y que disfrutemos nuestra vida. Necesitamos estar conscientes de los problemas, pero no debemos enfocarnos en ellos en todo momento. Mi objetivo principal en este libro es animar a toda persona a hacer su parte. Si suficientes de nosotros hacemos nuestra parte, podemos ganar la guerra porque el bien siempre vence al mal.

Lucas 4:1-13 relata la vez cuando el Espíritu Santo guio a Jesús al desierto para que fuera tentado por el diablo. Durante una de esas tentaciones, Satanás le dijo a Jesús que, si tan solo lo adorara, él le daría (a Jesús) todos los reinos del mundo, junto con toda la autoridad y el esplendor. El diablo claramente dijo: "Son míos para dárselos a quien yo quiera. Te daré todo esto si me adoras" (Lucas 4:6-7). Claro está, Jesús resistió la tentación, pero no todos lo hacen. Muchas personas ceden para tener las cosas del mundo. Parece que prosperan, pero tal prosperidad no viene de Dios. La verdadera prosperidad incluye paz, gozo y justicia, junto con tener nuestras necesidades cubiertas y poder ayudar generosamente a los que padecen necesidad. La gente puede tener posesiones y recursos financiaros, pero no tiene paz ni gozo. Es egoísta y no ama a nadie excepto a sí misma, y definitivamente no lleva una vida justa. No deberíamos asumir que solo porque alguien parece próspero, Dios lo ha bendecido. Muchos viven engañados por las riquezas (Marcos 4:19).

Cuando Adán cometió pecado a través de la desobediencia a Dios, le entregó a Satanás la autoridad que Dios le había dado. Por esta razón, el diablo podía decir que todo en el mundo le pertenecía y que podía dárselo a quién quisiera. Sin embargo, Jesús venció a Satanás y recuperó la autoridad que Dios nos delegó originalmente. La autoridad y el poder que Dios nos ha dado sobre el diablo está disponible, a través de Cristo, para todo el que crea y siga la voluntad de Dios. Sí, tenemos autoridad y poder sobre el diablo, pero debemos ejercerla, y solo aquellos que ponen todo de su parte para vivir de acuerdo con la voluntad de Dios pueden hacerlo.

Cuando nos engañan, creemos mentiras. Luego, esas mentiras se convierten en nuestra verdad, y actuamos de acuerdo con lo que creemos. El engaño aumentará en los últimos días, y la Biblia nos dice que, si Dios no acorta los días, incluso los elegidos serán engañados (Mateo 24:22-24). Necesitamos conocer la Palabra de Dios y tener gran discernimiento. Además, debemos ejercer sabiduría en todo lo que hacemos, y debemos orar para evitar que el engaño nos atrape.

Cuando empecé a estudiar seriamente la Palabra de Dios, empecé a darme cuenta de que había creído muchas mentiras de Satanás, lo que me impedía disfrutar la buena vida que Jesús me dio a través de su muerte. Una de las mentiras más grandes a la que recuerdo haberme aferrado durante años era que, debido a que mi padre me había abusado sexualmente, yo era una persona inservible y que siempre tendría una vida de segunda categoría. Todavía tenía que aprender la verdad de 2 Corintios 5:17, que dice: "si alguno está en Cristo, nueva criatura es; las cosas viejas pasaron; he aquí, son hechas nuevas" (LBLA). Jesús es el Restaurador de todas las cosas. No hay nada quebrado que Él no pueda arreglar.

La Biblia contiene varias instrucciones para que nosotros nos soltemos de lo que yace detrás de nosotros, pero estas son dos de las más impresionantes:

> Pero olvida todo eso; no es nada comparado con lo que voy a hacer. Pues estoy a punto de hacer algo nuevo. ¡Mira, ya he comenzado! ¿No lo ves? Haré un camino a través del desierto; crearé ríos en la tierra árida y baldía.
>
> Isaías 43:18-19

> Hermanos, yo mismo no considero haberlo ya alcanzado; pero una cosa hago: olvidando lo que queda atrás y extendiéndome a lo que está delante, prosigo hacia la meta para obtener el premio del supremo llamamiento de Dios en Cristo Jesús.
>
> Filipenses 3:13-14 LBLA

Cuán refrescante y emocionante es darse cuenta de la verdad que cuando nacemos de nuevo (aceptamos a Jesús como nuestro Salvador y Señor), recibimos un comienzo absolutamente nuevo. Recibimos una nueva vida.

Muchas de las mentiras que Satanás trata de hacer que las creamos son mentiras acerca del amor de Dios por nosotros, su perdón, nuestro futuro, nuestro valor y valía, nuestro propósito y nuestras habilidades. El diablo quiere que seamos dirigidos por la culpa, la ansiedad, la falta de gozo y de esperanza, pero nosotros podemos vencerlo en la medida en que creamos y pongamos en práctica la Palabra de Dios.

> La Palabra de Dios es consistentemente la única fuente de la verdad.

La Palabra de Dios es consistentemente la única fuente de verdad. No podemos recibir nuestra educación de la televisión, ni de los medios sociales ni de los noticieros ni de Hollywood, porque esas fuentes muchas veces se usan para esparcir las mismas decepciones de las que estamos hablando. Lo insto a comprometerse a apartar un tiempo para conocer la Palabra de Dios y para que confíe en ella más de lo que confía en cualquier otra fuente de información.

CAPÍTULO 19

El amor triunfa

La noche está muy avanzada y ya se acerca el día. Por eso,
dejemos a un lado las obras de la oscuridad y pongámonos
la armadura de la luz.

Romanos 13:12

Usted y yo vivimos en tiempos oscuros. La oscuridad es una referencia a lo malo, y la luz es una referencia a la justicia. El príncipe de la oscuridad es el diablo, en cambio Jesús es la luz del mundo (Juan 8:12). La oscuridad no puede apagar a la luz, pero la luz puede absorber la oscuridad. Solo imagine que va entrando a un cuarto oscuro y presiona el botón de la luz. De inmediato, toda la oscuridad es absorbida y el cuarto se llena de luz.

Aquellos de nosotros que pertenecemos a la luz, a Jesús, podemos dejar que nuestra luz brille más fuerte y que derrote a la oscuridad. Jesús dice que quien lo siga (obedezca) a Él "nunca andará en tinieblas" (Juan 8:12). Él también dice que somos la luz del mundo y que debemos dejar que nuestra luz brille, lo que significa representar bien a Jesús en el mundo. Se nos enseña a seguir los pasos de Jesús (1 Pedro 2:21) y a ser conformados a su imagen (Romanos 8:29), y eso es importante para que el mundo vea el fruto como el de Cristo demostrado en nuestra vida.

Ustedes son la luz del mundo. Una ciudad en lo alto de una colina no puede esconderse. Ni se enciende una lámpara para cubrirla con un cajón. Por el contrario, se pone en la repisa para que alumbre a todos los que están en la casa. Hagan brillar su luz delante de todos, para que ellos puedan ver las buenas obras de ustedes y alaben al Padre que está en el cielo.

Mateo 5:14-16

¿Está brillando su luz? ¿Necesita aumentar su brillantez? No deberíamos esconder nuestra luz, sino permitir que brille ante los demás, de manera que ellos puedan ver nuestras buenas obras (amor) y glorificar a Dios. El amor verdadero siempre se manifiesta en buenas obras. Si el amor consistiera solamente de palabras y no de acciones, ese no es el tipo de amor que Dios quiere que tengamos. Dios nos ama, y Él está constantemente haciendo cosas por nosotros.

Yo creo que la "armadura de luz" que se menciona en Romanos 13:12 se refiere al amor y a todo tipo de conducta que agrade a Dios. El bien siempre derrota al mal (Romanos 12:21). Cuando alguien obra maldad en contra nuestras y nosotros lo tratamos de la misma forma que él nos trató, le estamos dando exactamente al diablo lo que él quiere: odio y más odio. Por el contrario, si le pagamos al mal con el bien, nosotros derrotamos a nuestro enemigo, Satanás.

> Si pagamos el mal con el bien, derrotamos a Satanás.

También creo que el amor es el tipo de guerra espiritual más alta y eficaz con la que podemos lidiar. Efesios 6:10-18 nos enseña a ponernos nuestra armadura espiritual: justicia, verdad, paz, fe, salvación, "la espada del Espíritu, que es la palabra de Dios" (versículo 17); y a cubrir todo en oración para poder vencer a los principados y poderes que se despliegan contra nosotros. Además, creo que la armadura de la luz (amor) es otra de las piezas de la armadura espiritual. El amor es más eficaz que cualquiera de ellas, aunque cada pieza es necesaria.

La razón por la que Dios nos dice que amemos a nuestros enemigos, que oremos por ellos y que los bendigamos es que, cuando lo hacemos, derrotamos a Satanás. El diablo está lleno de odio y mentiras, y no puede amar. Él desea separación, conflicto, amargura, odio, alegatos, enojo y resentimiento en nuestra vida y nuestras relaciones; sin embargo, el amor es el antídoto para todo esto. El amor es increíblemente poderoso, y Satanás le tiene miedo a eso.

Las emociones negativas pueden obstaculizar el amor

Cuando alguien nos trata injustamente o nos lastima, nuestras emociones tratarán de llevarnos a la venganza y a hacerle a esa persona lo que nos hizo a nosotros. Posiblemente queramos castigarla de alguna manera para que sepa que no puede salirse con la suya al tratarnos dañinamente. Sin embargo, esta no es la manera en que Dios quiere que nos comportemos. Aquí es donde nos vemos obligados a decidir si obedecemos a nuestras emociones o a la Palabra de Dios.

Cuando hacemos lo correcto mientras se siente como algo equivocado, progresamos espiritualmente, lo que significa que estamos creciendo espiritualmente. A medida que los hijos crecen, muchas veces ellos tienen lo que llamamos dolores de crecimiento. Posiblemente les van a doler las piernas, o podrían experimentar otras sensaciones mientras maduran. Como cristianos, atravesamos un proceso similar, excepto por lo que nos sucede en el alma en vez del cuerpo.

Recuerdo cuando Dave me enseñó a jugar golf. La manera en que uno debe sostener y balancear el palo se siente totalmente equivocado, pero el palo debe sostenerse de esa manera para que la pelota vaya en la dirección correcta. Si uno sostiene el palo de golf de una manera que se sienta cómoda, la pelota va totalmente mal. Nuestro caminar con el Señor es muchas veces así. Para poder obtener el resultado correcto, el que Dios quiere, posiblemente sea necesario hacer cosas que nos parecen equivocadas. Tal vez no sean cómodas, pero producirán el resultado deseado.

Por ejemplo, podría no ser cómodo decirle a alguien: "Lamento que hayamos discutido. Yo estaba equivocada y tú tenías razón". El admitir que uno estaba equivocado

> *El admitir que uno estaba equivocado producirá el resultado que Dios desea.*

producirá el resultado que Dios desea. Facilitará la unidad, preservará su andar en amor y mostrará humildad, todo lo cual es muy importante.

Santiago 1:22 dice que, si escuchamos la Palabra de Dios y no la ponemos en práctica, es porque nos engañamos a nosotros mismos a través del razonamiento que es contrario a la verdad. Sabemos lo que debemos hacer, pero encontramos una razón para pensar que no hacerlo está bien, y, por lo tanto, excusamos nuestra desobediencia. Nunca debe haber una excusa para desobedecer a Dios.

Cuando me enojaba por algo que Dave había dicho o hecho, yo no quería hablarle, ni siquiera quería estar en la misma habitación con él, pero me negaba a dejar que mis emociones me controlaran porque sabía que llevarían a la destrucción. Aunque a veces necesito un periodo de tiempo para enfriarme, tomo la decisión de hablar con Dave incluso cuando no quiero hacerlo y me niego a evitarlo a él porque sé que la división es lo que quiere el diablo.

¿Qué hay de sus emociones? ¿Usted les permite que le impidan hacer lo que sabe que debe hacer? Si tiene la tendencia de obedecer a sus emociones, usted puede cambiar eso hoy mismo al tomar la decisión de hacerlo. Puede estar consciente de sus sentimientos, pero no puede obedecerlos y, a la vez, ser un cristiano maduro. Tome siempre la decisión de hacer lo que Dios quiere que usted haga, y será un triunfador en la vida. Las emociones son engañosas. A veces, son buenas y otras, malas. Todos las tenemos, y no van a desaparecer. Sencillamente debemos aprender a manejarlas y a no permitirles que nos dominen.

La gente mala está llena de oscuridad, no se sienten cómodos cerca de los cristianos llenos de luz porque temen que sus pecados vayan a quedar expuestos. Su presencia misma como creyente incomoda a los que viven en la oscuridad. Así que no se sorprenda si halla que los no creyentes que una vez lo aceptaron a usted, ahora lo rechazan. Ellos no lo están rechazando verdaderamente, sino que rechazan al Jesús que está en usted.

Dios nos ha rescatado del reino de la oscuridad y nos ha trasladado al reino de la luz (Colosenses 1:12-15). Cuando una persona nace de nuevo (acepta a Jesús como su Señor y Salvador), empieza inmediatamente a ver la luz. Antes de ser salva, la persona hacía muchas cosas malas y no se daba cuenta de que lo eran ni se sentía culpable de hacerlas. Sin embargo, después del nuevo nacimiento, esa misma conducta la hará sentir incómoda a medida que el Espíritu Santo la redarguye y la guíe y empezará a diferenciar lo bueno de lo malo.

Será difícil que la persona haga intencionalmente lo malo sin sentirse redargüida. Antes de formalizar mi relación con Dios, yo vería en la televisión lo que yo quisiera y pasé por todo tipo de películas. Sin embargo, después de profundizar mi compromiso con Dios, empecé a notar que algunos de los programas y las películas que había visto antes me hacían sentir incómoda. Sencillamente no sentía que fuera bueno verlas. Nadie me dijo que dejara de verlas; el Espíritu Santo estaba indicándome, en mi corazón, es esas películas no eran buenas para mí y que tampoco complacían a Dios.

Hay cosas que hacemos sin pensar, y luego, nos damos cuenta de que hemos cometido un error. Podemos admitir y confesar lo que hicimos, arrepentirnos y recibir perdón. Pero cuando alguien hace repetidamente lo que entienden por completo que está mal y va contra la voluntad de Dios, la pregunta se hace necesaria: ¿Esa persona conoce verdaderamente a Dios?

> El que dice: "Yo he llegado a conocerle", y no guarda sus mandamientos, es un mentiroso y la verdad no está en él.
>
> 1 Juan 2:4 LBLA

> Ninguno que es nacido de Dios practica el pecado, porque la simiente de Dios permanece en él; y no puede pecar, porque es nacido de Dios.
>
> 1 Juan 3:9 LBLA

Primera de Juan 3:9 ha sido muy útil para que yo entienda la diferencia entre el pecado accidental y el que se hace a propósito. Si estoy esperando por un lugar en el estacionamiento y alguien más se apresura a tomarlo cuando estaba muy claro que lo estaba esperando, yo podría enojarme inmediatamente y tener el deseo de gritarle. El Espíritu Santo hará que yo esté consciente de que mi conducta no es correcta y puedo tomar la decisión de arrepentirme y cambiar mi conducta. Esto es muy diferente de lo que explica 1 Juan 3:9. La gente que "deliberadamente, a sabiendas y constantemente" practica el pecado no puede tener el carácter de Dios viviendo en su interior.

> La gente que peca deliberadamente no puede tener el carácter de Dios viviendo en su interior.

Ceder

Ceder significa hacer un poco menos de lo que uno sabe que está bien. Hoy en día, el mundo está lleno de transigencia, y a veces, también la iglesia lo está. Algo que hace la transigencia, y que nosotros no siempre nos damos cuenta, es abrirle la puerta al enemigo para que obre en nuestra vida. Pablo escribe que nosotros no debemos participar "en las obras inútiles de la maldad y la oscuridad; al contrario, debemos sacarlas a la luz" (Efesios 5:11). Debemos tener la capacidad para ver una diferencia distintiva entre los no creyentes y aquellos que creen en Jesucristo.

Pablo también dice: "No se asocien íntimamente con los que son incrédulos. ¿Cómo puede la justicia asociarse con la maldad? ¿Cómo puede la luz vivir con las tinieblas?" (2 Corintios 6:14). En términos prácticos, esto significa, entre otras instrucciones, no se unan con un no creyente y no se casen con un no creyente. Incluso, no es sabio tener un noviazgo con un no creyente. Estoy completamente consciente, incluso mientras escribo esto, de que a muchas personas que leen este libro no les va a gustar estas afirmaciones. No las hago para hacer enojar a alguien, sino porque son ciertas. Si está involucrado en cualquier tipo de transigencia, mi deseo es evitar que se meta en problemas. Es deber de un ministro decirle a los demás lo que necesitan escuchar, no lo que quieren oír. Tal vez usted tiene una relación de noviazgo con alguien no creyente y piensa que usted podrá cambiar a la persona. Eso, a veces, sí sucede, pero si la persona no cambia antes de que se cansen, lo más probable es que tampoco lo hará después de que se hayan casado. Entonces, en mi opinión, es mejor no involucrarse a menos de que, al principio de la relación, la persona dé muestras de estar dispuesta a cambiar.

Tengo una nieta que empezó a salir con un no creyente, pero al inicio de la relación, le pidió que fuera a la iglesia con ella. Él lo hizo, y le encantó. Hizo su compromiso con Cristo y ahora es un creyente fuerte. Dudo que ella habría salido con él durante mucho tiempo si él se hubiera negado a estar dispuesto a tener una relación con Cristo. Ella puso a Jesús en primer lugar en su vida, tal como todos deberíamos hacerlo.

La única razón por la que deberíamos pasar tiempo con los no creyentes es por el propósito de mostrarles el amor de Dios y tener la esperanza de que, con el tiempo, podremos compartirles la verdad. Jesús compartió la mesa con pecadores, pero nunca transigió la verdad cuando estaba con ellos. Él los amaba, y muchas veces su amor fue lo que los cambió. Tengamos la esperanza de que nosotros podremos tener el mismo impacto en aquellos que andan en la oscuridad.

¿Está listo para la guerra?

La Biblia nos dice que estamos en una guerra (2 Corintios 10:3-5; Efesios 6:10-18). Somos soldados del ejército de Dios, y nuestro enemigo invisible es Satanás (y sus huestes demoníacas), pero Dios está de nuestro lado. Dios nos ha dado poder y autoridad sobre Satanás; pero, para ser efectivos, nosotros debemos ejercer la autoridad que Él nos da: "Miren, les he dado autoridad sobre todos los poderes del enemigo; pueden caminar entre serpientes y escorpiones y aplastarlos. Nada les hará daño" (Lucas 10:19 NTV).

Santiago 4:7 dice: "Así que sométanse a Dios. Resistan al diablo, y él huirá de ustedes". Muchas veces, la gente solamente cita la última parte de este versículo, y dice: "Si resisto al diablo, él huirá de mí". Sin embargo, resistir al diablo no hace ningún bien si no estamos sometidos en obediencia a Dios. De este versículo podemos ver cuán importante es la obediencia en la guerra espiritual.

La Palabra de Dios nos aconseja a amar a Dios y a que nos

amemos unos a otros más que ninguna otra cosa. Pablo escribe: "El propósito de mi instrucción es que todos los creyentes sean llenos del amor que brota de un corazón puro, de una conciencia limpia y de una fe sincera" (1 Timoteo 1:5). ¡Vaya! Todo

> A menos que andemos en amor, no tendremos poder contra Satanás.

lo que Pablo les enseño tenía un propósito; instruirlos para que perseveraran en la fe y que amaran a Dios y los unos a los otros.

A menos que andemos en amor, no tendremos poder contra Satanás. El amor nos da poder. Medite en estas verdades:

- Sin amor, nuestras oraciones son débiles.
- Sin amor, nuestro testimonio es débil.
- Sin amor, somos infelices.
- Sin amor, no complacemos a Dios.
- Sin amor, le abrimos la puerta a Satanás en nuestra vida.

Además, sin amor, nuestra fe no funcionará. La fe obra (se expresa) a través del amor (Gálatas 5:6). No pondremos nuestra fe en Dios si no creemos que Él nos ama. Y si no lo amamos a Él y a los demás, nuestra fe no funcionará. Tal vez estemos haciendo lo que creemos que es orar en fe, pero no producirá el resultado deseado si no hacemos que amar a Dios y a los demás sea una prioridad en nuestra vida.

La guerra es espiritual

¿Estamos realmente en una guerra? Sí, pero es una guerra espiritual. No podemos verla con nuestros ojos naturales, pero es real. Satanás está luchando contra nosotros en todo momento, y debemos aprender a reconocer sus ataques y estar firmes en contra de ellos. El apóstol Pedro escribe que debemos "resistir" al diablo y a "estar firmes en la fe" (1 Pedro 5:9). Dicho de otra manera, debemos resistirlo tan pronto como empiece su ataque.

En la guerra espiritual, Dios nos da armas espirituales: "Las armas con que luchamos no son del mundo, sino que tienen el poder divino para derribar fortalezas" (2 Corintios 10:4). Estas fortalezas son fortalezas mentales que Satanás construye en nuestra mente a través de las mentiras que nos dice. Cuando creemos mentiras, somos engañados, pero las mentiras que creemos se vuelven realidad, incluso cuando no son ciertas.

La Palabra de Dios es nuestra arma mayor contra el diablo. Y su Palabra renueva nuestra mente, aprendemos a pensar según la verdad de Dios. A medida que creemos su Palabra, cambiamos. Podríamos decir que la Palabra es nuestra arma y el amor, nuestra protección.

Al pronunciar la Palabra de Dios, rompemos las estrategias y los planes que Satanás ha diseñado en contra nuestra. Incluso, Dios dijo a través del profeta Jeremías que su Palabra es como un martillo: "¿No quema mi palabra como el fuego?" —dice el Señor—. "¿No es como un martillo poderoso que hace pedazos una roca?" (Jeremías 23:29 NTV).

Un creyente que conoce a Dios anda en amor, habla la Palabra y obedece a Dios es muy peligroso para Satanás. Es mi oración que usted esté viendo cuán importante es el amor y que haga un compromiso para amar, no solo a los que son fáciles de amar, sino también a quienes son muy difíciles de amar. Si usted se enoja, no se quede enojado, y no permita que su corazón se llene de falta de perdón, resentimiento o conflictos. Permanezca en paz. Póngase los zapatos de la paz, tal como se instruye en Efesios 6:15. Nosotros caminamos con nuestros zapatos, eso significa caminar en paz mientras va por la vida. Para hacerlo, deberá ser humilde, adaptable y ajustable.

Otra arma espiritual que Dios nos da es la oración. Es un arma poderosa en el reino espiritual, una que podemos usar fácilmente y a diario. Lo animo a que empiece hoy a orar por sus enemigos y a comprometerse a no decir algo malo acerca de ellos. Si se presenta la oportunidad y usted siente que lo correcto, ayúdelos si están en problemas. Verá más resultados positivos de esas acciones de amor que cualquier otra cosa que pudiera haber hecho.

Quizá la sociedad esté llena de negativismo, y el enemigo podría tratar de sembrar odio por todas partes y donde pueda, pero el amor es la fuerza más grande sobre la tierra, y puede cambiar al mundo. Debido a que el Espíritu Santo vive en nosotros, tenemos el poder para amar a todas las personas. Recordemos siempre que Dios ama tanto al mundo que Él "dio a su único Hijo, para que todo el que crea en él no se pierda, sino que tenga vida eterna" (Juan 3:16).

Tengo la esperanza de que, para este momento, usted quiera y esté listo para dejar que Dios le ayude a amar a los demás, incluso a la gente que es muy difícil de amar. En su búsqueda para aprender más sobre el amor, asegúrese de que usted no sea alguien a quien es difícil amar. Admito que yo fui muy difícil de amar durante muchos años. Debido a mi pasado de abuso, yo quería controlar todo y a todos, por lo que solamente estaba contenta cuando se hacía mi voluntad. Estoy muy agradecida con Dios por cambiarme, y ahora puedo estar contenta incluso cuando no se hace lo que yo quiero.

> Asegúrese de que usted no es alguien a quien es difícil amar.

La sanidad de un alma herida empieza con enfrentar la verdad, así que, si usted es muy difícil de amar, es el momento de reconocerlo y pedirle a Dios que lo sane. La sanidad no vendrá de inmediato porque Dios nos cambia poco a poco, pero podemos celebrar cualquier tipo de progreso y esperar que venga más. Mi libro *Sanidad para el alma de una mujer* podría serle útil si está lista para empezar el recorrido de la sanidad interior.

No cometa el error de pensar que no puede empezar a amar a los demás más porque usted es difícil de amar. Yo creo que mientras más ame a los demás, más recibirá una cosecha de sanidad en su propia vida.

Le animo a recordar que el amor es lo más grande del mundo y a que lo haga una prioridad en su vida diaria. También recuerde que el amor no es solamente un sentimiento; es una decisión para tratar a los demás de la manera en que Jesús los trata. Implica perdonar, orar por ellos, bendecirlos con sus propias palabras, ayudarles si tienen necesidad, y no hablar mal de ellos. El amor se trata de la manera en que nosotros *tratamos* a las personas, no en lo que nosotros *sentimos* por ellos.

Me gusta que la gente piense en lo que leen en mis libros, así que permítame hacerle algunas preguntas que le ayudarán a crecer en el amor.

1. ¿Tiene algún resentimiento en su corazón?
2. ¿Está listo para continuar estudiando el amor y aprender todo lo que pueda sobre eso?
3. ¿Está preparado para humillarse a sí mismo y ser un pacificador?
4. ¿De qué manera les demuestra su amor a sus enemigos en este momento de su vida?
5. En el pasado, ¿cómo ha tratado a aquellos que son difíciles de amar?
6. ¿Cómo está dispuesto a tratarlos ahora?

Si hay algo que usted se da cuenta que debe cambiar en su vida, pídale a Dios que lo ayude. Estudie lo que dice su Palabra sobre el tema a fin de que su mente sea renovada en esa área. Usted será probado, así que no se sorprenda cuando suceda, pero puede aprender a pasar sus pruebas, y cada una que pase lo hará más fuerte.

El mundo está lleno de una maldad que aumenta con el paso de los días, pero nosotros podemos combatirla con el bien. Sea bueno con todos y manténgase enfocado en el amor. Ame a Dios y ámese a sí mismo por medio de recibir el amor de Dios, y ame a los demás. Permita que el amor fluya de usted como un río. Aprecie a quienes lo ayudan y dígales que los aprecia. Felicítelos, anímelos, sonría, sea amistoso y muy generoso. Ayude, sea amable, perdone y no se ofenda fácilmente. Para que hagamos estas cosas, necesitamos mucha ayuda por parte del Señor, así que recuerde apoyarse en Él y pedir frecuentemente que le dé gracia. Habrá veces en que fallemos, pero podemos arrepentirnos y empezar de nuevo. El amor nunca falla, y nunca se rinde.

Me da mucho gusto que haya leído este libro, y espero que se lo recomiende a otras personas. El amor es lo que anda buscando la gente del mundo, incluso sin saberlo. Un avivamiento del amor de Dios derramándose a través de su pueblo sanará nuestro mundo quebrantado y podremos dejar un legado poderoso y positivo para la siguiente generación.

Con amor,

Joyce

VERSÍCULOS BÍBLICOS QUE LE AYUDARÁN A PERDONAR Y A LIBERARSE DE LA OFENSA

2 Crónicas 7:14
Salmo 32:5
Salmo 86:5
Salmo 103:10–14
Salmo 130:4
Proverbios 10:12
Proverbios 15:1
Proverbios 17:9
Proverbios 25:21
Proverbios 28:13
Isaías 1:18
Isaías 43:25–26
Isaías 53:5
Isaías 55:7
Jeremías 31:34
Daniel 9:9
Miqueas 7:18–19
Sofonías 3:17
Mateo 5:7
Mateo 5:23–24
Mateo 5:44
Mateo 6:12
Mateo 6:9–15
Mateo 18:15
Mateo 18:21–22

Mateo 26:28
Marcos 11:25
Lucas 6:27
Lucas 6:37
Lucas 17:3
Juan 13:34
Hechos 3:19
Hechos 10:43
Hechos 13:38–39
Romanos 8:1
Romanos 12:17
Romanos 12:20
1 Corintios 13:5
Efesios 1:7
Efesios 4:31–32
Colosenses 1:13–14
Colosenses 3:13
Hebreos 8:12
Santiago 2:8
Santiago 5:16
1 Pedro 3:9
1 Pedro 4:8
1 Juan 1:9
1 Juan 2:1–2

¿Tiene usted una relación real con Jesús?

¡Dios le ama! Él le creó para que sea una persona especial, única, exclusiva, y Él tiene un propósito y un plan concretos para su vida. Y, mediante una relación personal con su Creador (Dios), puede descubrir un estilo de vida que dará satisfacción verdadera a su alma.

No importa quién sea usted, lo que haya hecho o dónde se encuentre en la vida ahora mismo, el amor y la gracia de Dios son mayores que su pecado: sus errores. Jesús dio su vida voluntariamente para que usted pueda recibir perdón de Dios y tener nueva vida en Él. Él está esperando a que usted lo invite a ser su Salvador y Señor.

Si está listo para entregar su vida a Jesús y seguirlo, lo único que tiene que hacer es pedirle que le perdone sus pecados y le dé un nuevo comienzo en la vida que Él tiene para usted. Comience haciendo esta oración…

Señor Jesús, gracias por dar tu vida por mí y perdonar mis pecados para que pueda tener una relación personal contigo. Siento mucho los errores que he cometido, y sé que necesito que me ayudes a vivir rectamente.

Tu Palabra dice en Romanos 10:9 que "si confiesas con tu boca que Jesús es el Señor y crees en tu corazón que Dios lo levantó de entre los muertos, serás salvo" (NVI). Creo que eres el Hijo de Dios y te confieso como mi Salvador y Señor. Tómame tal como soy, y trabaja en mi corazón, haciéndome la persona que quieres que sea. Quiero vivir para ti, Jesús, y estoy muy agradecido porque me estás dando un nuevo comienzo en mi nueva vida contigo hoy.

¡Te amo, Jesús!

¡Es maravilloso saber que Dios nos ama tanto! Él quiere tener una relación profunda e íntima con nosotros que crezca cada día al pasar tiempo con Él en oración y estudiando la Biblia. Y queremos animarle en su nueva vida en Cristo.

Por favor, visite https://tv.joycemeyer.org/espanol/como-conocer-jesus/, que es nuestro regalo para usted. También tenemos otros recursos gratuitos en el Internet para ayudarle a progresar en su búsqueda de todo lo que Dios tiene para usted.

¡Felicidades por su nuevo comienzo en su vida en Cristo! Esperamos oír de usted pronto.

Joyce Meyer es una de las principales maestras prácticas de la Biblia en el mundo. Como autora de éxitos de ventas del *New York Times*, los libros de Joyce han ayudado a millones de personas a encontrar esperanza y restauración por medio de Jesucristo. El programa de Joyce, *Disfrutando la vida diaria*, se emite en todo el mundo por televisión, radio y el Internet. A través del ministerio Joyce Meyer Ministries, Joyce enseña internacionalmente sobre varios temas con un enfoque particular en cómo la Palabra de Dios se aplica a nuestra vida diaria. Su estilo de comunicación informal le permite compartir de manera abierta y práctica sobre sus experiencias para que otros puedan aplicar a sus vidas lo que ella ha aprendido.

Joyce ha escrito más de 135 libros, que han sido traducidos a más de 160 idiomas, y se han distribuido más de 37 millones de sus libros gratuitamente en todo el mundo. Entre sus éxitos de ventas están: *Pensamientos de poder; Mujer segura de sí misma; Luzca estupenda, siéntase fabulosa; Empezando tu día bien; Termina bien tu día; Adicción a la aprobación; Cómo oír a Dios; Belleza en lugar de cenizas;* y *El campo de batalla de la mente*.

La pasión de Joyce por ayudar a las personas que sufren es fundamental para la visión de Hand of Hope (Manos de esperanza), el brazo misionero de Joyce Meyer Ministries. Hand of Hope realiza esfuerzos de alcance humanitario en todo el mundo, como programas de alimentación, cuidado médico y dental, respuesta a catástrofes naturales, intervención y rehabilitación en el tráfico de seres humanos, y mucho más, compartiendo siempre el amor y el evangelio de Cristo.

JOYCE MEYER MINISTRIES

DIRECCIONES DE LAS OFICINAS
EN E.U.A. Y EL EXTRANJERO

Joyce Meyer Ministries
P.O. Box 655
Fenton, MO 63026
USA
(636) 349-0303

Joyce Meyer Ministries—Canadá
P.O. Box 7700
Vancouver, BC V6B 4E2
Canada
(800) 868-1002

Joyce Meyer Ministries—Australia
Locked Bag 77
Mansfield Delivery Centre
Queensland 4122
Australia
(07) 3349 1200

Joyce Meyer Ministries—Inglaterra
P.O. Box 1549
Windsor SL4 1GT
United Kingdom
01753 831102

Joyce Meyer Ministries—África del Sur
P.O. Box 5
Cape Town 8000
South Africa
(27) 21-701-1056

Joyce Meyer Ministries—Francofonía
29 avenue Maurice Chevalier
77330 Ozoir la Ferriere
France

Joyce Meyer Ministries—Alemania
Postfach 761001
22060 Hamburg
Germany
+49 (0)40 / 88 88 4 11 11

Joyce Meyer Ministries—Países Bajos
Lorenzlaan 14
7002 HB Doetinchem
+31 657 555 9789

Joyce Meyer Ministries—Rusia
P.O. Box 789
Moscow 101000
Russia
+7 (495) 727-14-68

100 Inspirational Quotes
100 Ways to Simplify Your Life
21 Ways to Finding Peace and Happiness
Any Minute
Approval Addiction
The Approval Fix
The Battle Belongs to the Lord
Battlefield of the Mind*
Battlefield of the Mind Bible
Battlefield of the Mind for Kids
Battlefield of the Mind for Teens
Battlefield of the Mind Devotional
Battlefield of the Mind New Testament
Be Anxious for Nothing*
Be Joyful
Being the Person God Made You to Be
Beauty for Ashes
Change Your Words, Change Your Life
Colossians: A Biblical Study
The Confident Mom
The Confident Woman
The Confident Woman Devotional
Do It Afraid*
Do Yourself a Favor…Forgive
Eat the Cookie…Buy the Shoes
Eight Ways to Keep the Devil Under Your Feet
Ending Your Day Right
Enjoying Where You Are on the Way to Where You Are Going
Ephesians: Biblical Commentary
The Everyday Life Bible
The Everyday Life Psalms and Proverbs
Filled with the Spirit
Galatians: A Biblical Study
Good Health, Good Life
Habits of a Godly Woman
Healing the Soul of a Woman*
Healing the Soul of a Woman Devotional

Seven Things That Steal Your Joy
Start Your New Life Today
Starting Your Day Right
Straight Talk
Strength for Each Day
Teenagers Are People Too!
Trusting God Day by Day
The Word, the Name, the Blood
Woman to Woman
You Can Begin Again
Your Battles Belong to the Lord*

* Guía de estudio disponible para este título

Libros En Español Por Joyce Meyer

Auténtica y única (Authentically, Uniquely You)
Belleza en lugar de cenizas (Beauty for Ashes)
Buena salud, buena vida (Good Health, Good Life)
Cambia tus palabras, cambia tu vida (Change Your Words, Change Your Life)
El campo de batalla de la mente (Battlefield of the Mind)
Cómo envejecer sin avejentarse (How to Age without Getting Old)
Cómo formar buenos hábitos y romper malos hábitos (Making Good Habits, Breaking Bad Habits)
La conexión de la mente (The Mind Connection)
Dios no está enojado contigo (God Is Not Mad at You)
La dosis de aprobación (The Approval Fix)
Efesios: Comentario bíblico (Ephesians: Biblical Commentary)
Empezando tu día bien (Starting Your Day Right)
Hágalo con miedo (Do It Afraid)
Hazte un favor a ti mismo...perdona (Do Yourself a Favor...Forgive)
Madre segura de sí misma (The Confident Mom)
Momentos de quietud con Dios, Devocionario (Quiet Times with God Devotional)
Mujer segura de sí misma (The Confident Woman)
No se afane por nada (Be Anxious for Nothing)
Pensamientos de poder (Power Thoughts)
El poder de la gratitud (The Power of Thank You)
Sanidad para el alma de una mujer (Healing the Soul of a Woman)
Sanidad para el alma de una mujer, Devocionario (Healing the Soul of a Woman Devotional)

Santiago: Comentario bíblico (James: Biblical Commentary)
Siempre alegre (Be Joyful)
Sobrecarga (Overload)
Sus batallas son del Señor (Your Battles Belong to the Lord)
Termina bien tu día (Ending Your Day Right)
Tienes que atreverte (I Dare You)
Usted puede comenzar de nuevo (You Can Begin Again)
Viva amando su vida (Living a Life You Love)
Viva valientemente (Living Courageously)
Vive por encima de tus sentimientos (Living Beyond Your Feelings)

LIBROS POR DAVE MEYER

Life Lines